Dogdance

Vom ersten Schritt bis zur kompletten Choreographie

von Inka Burow und Denise Nardelli

CADMOS
HUNDEBÜCHER

Gestaltung und Satz: Ravenstein + Partner, Verden
Titelfoto und alle Fotos Nina Wenzel,
außer S. 11, 30: Inka Burow, S. 31 oben: Meike Burow,
S. 31 unten: Denise Nardelli, S. 95 unten: Fotostudio Roberto.
Zeichnungen: Inka Burow
Druck: Westermann Druck, Zwickau

Printed in Germany.

ISBN 3-86127-773-5

Inhalt

Teil 2: Die erste Choreographie und das Auftreten vor Publikum 58

Danksagung

Viele Menschen und viele Hunde haben zur Entstehung dieses Buches beigetragen – zu viele, um alle namentlich zu nennen. Fest steht aber, dass wir ohne Agility Joy Dixieland, genannt „Dikdik“, Clan Alba Carolynn, genannt „Lynn“, „Susi“ und Dana von Hamels Hof, genannt „Grappa“, keine einzige Zeile geschrieben hätten. Ihr unerschöpflicher Eifer, Neues zu lernen und uns zu überraschen, ist ein wunderbares Geschenk. Danke!

Ebenfalls ein besonderes Dankeschön an Bernd, der es nicht immer leicht, aber trotzdem so viel Geduld hatte, sowie an Meike und Christine fürs Lesen und Mutmachen. Schließlich wollen wir noch unserer Lektorin Jutta Aurahs danken und unsererFotografin Nina, die immer wieder graue Wolken vertrieben hat, und allen zwei- und vierbeinigen Fotomodellen für die Ausdauer, mit der sie die Übungen immer wieder wiederholt haben, bis wir sie im Kasten hatten.

Vorwort

Liebe Leserinnen und Leser,

Dogdance macht Spaß! Und falls Sie noch gar nicht so recht wissen, um was es eigentlich geht bei dieser neuen Hundesportart, dann haben Sie genau das richtige Buch gekauft. Es enthält eine detaillierte Trainingsanleitung, mit der Sie bei null beginnen können. Das war uns wichtig. Doch wir wollten auch noch ein paar Schritte weitergehen. Deshalb hören wir nicht nach der Beschreibung von allerlei Kunststücken auf und wünschen Ihnen viel Freude beim Ersinnen der ersten Choreographie – ohne zu verraten, wie das denn funktioniert.

Dogdance ist mehr als das Lernen von Tricks. Es geht um ein harmonisches Miteinander. Wir zeigen Ihnen, wie Sie die richtige Musik finden und dazu eine Choreographie zusammenstellen – Schritt für Schritt. Ob Sie dann damit vor einem Publikum auftreten wollen, ist allein Ihre Entscheidung. Hauptsache, Sie und Ihr Hund haben Vergnügen beim Training. Das Buch soll Ihnen helfen, beim Üben das Lachen nicht zu vergessen.

Wir erheben keineswegs den Anspruch, den einzig wahren Weg gefunden zu haben. Den gibt es nicht. Allerdings lehnen wir jegliche körperliche Einwirkung auf Hunde ab, sondern arbeiten mit positiver Bestärkung. Und obwohl wir das Wort „Kommando" benutzen, kommandieren wir Hunde nicht herum. Vielmehr motivieren wir sie. Es ist nicht immer leicht, den Eifer eines Hundes zu wecken und wach zu halten. Aber es gibt nichts Schöneres, als zu einem sechsbeinigen Team zusammenzuwachsen.

Für fortgeschrittene Dogdancer und solche, die es werden wollen, beschreiben wir auch, welche Requisiten Sie verwenden können und wie Sie mit zwei Hunden gleichzeitig tanzen. Außerdem machen wir Vorschläge für Gruppentänze.

Schließlich helfen wir Ihnen noch über das Lampenfieber beim ersten Auftritt hinweg – zumindest verraten wir, wie Sie sich am besten vorbereiten. Damit ist dieses Buch nicht nur eine Anleitung für einen neuen Sport, die Sie einmal von vorne bis hinten durchlesen. Es ist genauso ein Nachschlagewerk für zwischendurch, das immer wieder neue Anregungen geben soll.

Inka Burow und Denise Nardelli

Teil 1

Die ersten Schritte

Die Idee

Was ist Dogdance?

Dogdance ist eine neue Hundesportart. Zugegeben, im ersten Moment wirkt die Idee, mit einem Hund zu tanzen, etwas albern. Und tatsächlich brauchen Sie Taktgefühl und Musik für diesen Sport. Bevor Sie jetzt aber einen Foxtrott auflegen, Ihren Hund an den Vorderpfoten festhalten und beginnen, sich mit ihm im Kreis zu drehen – stopp! Beim Dogdance zeigt der Hund eine möglichst perfekte Fußarbeit und verschiedene Tricks wie Slalom, Kreisel oder Sprünge – und das alles passend zu einem Musikstück, das Sie eigens für diesen Zweck ausgewählt haben. Sie selbst gehen oder laufen im Takt der Musik. Im Vordergrund steht der Hund, nicht eine Tanzeinlage von Herrchen oder Frauchen.

Dogdance ist aber nicht einfach eine freudigere Unterordnung, bei der im Hintergrund eine fast beliebige Musik spielt. So ist diese Sportart zwar mal erfunden worden – fast zeitgleich in Kanada, den USA und in England – aber zumindest im angelsächsischen Raum ist daraus längst eine ernsthafte Wettkampfsportart mit eigenem Reglement entstanden. Das Thema der Musik soll danach mit in die Choreographie eingearbeitet werden. Neben dem Dogdance, das gelegentlich auch „Dogdancing", „Canine Musical Freestyle" oder „Freestyle Obedience" genannt wird, gibt es noch die Sportart „Heelwork to Music", bei der das Fußlaufen im Vordergrund steht.

Erst das Ziel, einmal eine Choreographie auf sechs Beine zu stellen, macht den eigentlichen Reiz des Dogdance aus. Denn dadurch unterscheidet sich der Sport vom einfachen Lernen von Tricks. Ob Sie nur im eigenen Wohnzimmer oder Garten trainieren wollen oder später einmal an Wettkämpfen teilnehmen, müssen Sie selbst entscheiden. Das Ziel bestimmen Sie. Fest steht, dass das gemeinsame Dogdance-Training die Beziehung zu Ihrem Hund verbessert.

Unter Umständen genügt das sogar, um Verhaltensprobleme zu lösen oder zumindest in den Griff zu bekommen.

Auf dem europäischen Festland gibt es Dogdance offiziell noch gar nicht. Auf Hundeausstellungen und ähnlichen Veranstaltungen gehört Dogdance aber in Deutschland inzwischen zum Rahmenprogramm. Und obwohl sich viele der schon seit ein paar Jahren trainierenden Dogdancer hierzulande ein Reglement und regelmäßig stattfindende Wettkämpfe wünschen, ist das Tolle an dieser Hundesportart, dass sich eigentlich jeder seine eigenen Regeln machen kann, indem er seine Dogdance-Choreographie ganz nach den eigenen Wünschen und den Möglichkeiten seines Hundes gestaltet.

Beim Dogdance ist alles erlaubt, was Spaß macht. Es gibt eine Reihe von Standardtricks, aber dem Erfindungsreichtum sind keine Grenzen gesetzt – solange die Gesundheit des Hundes nicht gefährdet wird. So kann auch ein Hund mit Hüftgelenkdysplasie (HD) oder Rückenleiden Dogdance machen, aber bestimmte Bewegungen sind dann tabu. Wer eigene Tanzeinlagen einbauen möchte: bitte schön! Letztlich bleibt als Ziel aber immer das harmonische Miteinander.

Meike und „Grappa" verstehen sich – die beste Voraussetzung für ein erfolgreiches Dogdance-Training.

Für wen ist Dogdance das Richtige?

Dogdance ist genau das Richtige für alle, die das ewige Stöckchenwerfen satt haben und die nicht unbedingt auf einen Hundeplatz gehen wollen. Außerdem ist Dogdance eine gute Möglichkeit, um seinen Hund besser kennen zu lernen und eine bessere Bindung zu ihm aufzubauen.

Kleine Hunde kommen bei ihren Tricks mit wenig Raum aus.

Dogdance ist eine gesunde Freizeitbeschäftigung für jedermann und jederhund. Es ist wohl die einzige Sportart, die tatsächlich für Hunde aller Rassen und Mischungen in allen Größen und jeden Alters gleichermaßen geeignet ist. Sogar wenn Ihr Hund bislang meinte, in puncto Temperament Ihrem Sofakissen Konkurrenz zu machen, wird er Gefallen am Dogdance finden.

Wählen Sie einfach eine langsame Musik. Zudem ist dieser Sport absolut drinnentauglich. Rücken Sie im Wohnzimmer den Couchtisch zur Seite und legen Sie los. Geräte brauchen Sie nicht – nur ein paar Leckerlis oder ein Spielzeug und eventuell einen Clicker.

Genauso wie Dogdance das Richtige für jeden Hund ist, eignet sich diese Sportart auch für alle Hundebesitzer. Egal ob alt oder jung, Mann oder Frau, sportlich oder unsportlich ... Nur sollten Sie bereit sein, Ihren Hund als Teampartner zu betrachten. Dogdance muss zwar nicht im Hundeverein stattfinden, aber inzwischen bieten viele Klubs und Hundeschulen die neue Sportart an. Bei einem Einsteigerkursus können Anfänger Gleichgesinnte kennen lernen und sich später vielleicht zum gemeinsamen Training treffen. Eventuell planen Sie dann ja schon bald eine Gruppenchoreographie ...

Die Ausrede „Ich will aber nicht vor Publikum auftreten!“ gilt übrigens nicht. Niemand zwingt Sie dazu. Haben Sie einfach Spaß mit Ihrem Hund und staunen Sie, was alles in ihm steckt. Jeder Hund kann mehr als Pfötchen geben. Und wenn Sie dann doch mal bei einer Grillparty oder einer Familienfeier auftreten ... Vielleicht gewöhnen Sie sich schneller an den Applaus, als Ihnen lieb ist.

Der Anfang

Wie Hunde lernen

Wer seinem Hund etwas beibringen will, sollte wissen, wie Hunde lernen. Wortreiche Erklärungen helfen nicht. Auch etwas vorzumachen hat keinen Sinn, denn Hunde lernen nicht vorrangig durch Nachahmung – sie lernen durch so genanntes Verknüpfen. Wie das funktioniert, hat der Nobelpreisträger Ivan Pawlow (1849–1936) eindrucksvoll vorgeführt, indem er immer mit einem Glöckchen klingelte, wenn er seinen Hund fütterte. Der Hund verknüpfte das Läuten des Glöckchens mit „Gleich gibt's Futter!“ – und tatsächlich begann der Hund bald zu speicheln, wenn er nur das Glöckchen hörte. Zuvor hatte er das nur beim Anblick seiner Futterschüssel getan.

Wenn Sie jedes Mal, wenn sich Ihr Hund gerade hinsetzt, „Sitz!“ sagen, wird er dieses Wort mit dem Hinsetzen verknüpfen. Er lernt, dass das, was er tut, „Sitz!“ heißt. Das Wort wird für den Hund das Signal zum Hinsetzen. „Sitz!“ ist also ein Kommando – aber nicht im Sinne von „Herumkommandieren“. Einige Hunde stellen die Verknüpfung schon nach zehnmaliger Wieder-

Nur mit einem freudig motivierten Hund sieht eine Dogdance-Choreographie richtig gut aus.

holung her, bei anderen dauert es vielleicht mehr als hundertmal. Danach wird sich Ihr Hund aber immer, wenn er „Sitz!" hört, auch hinsetzen. Allerdings verknüpfen Hunde ein Kommando auch mit ihrer ganzen Situation und ihrer Umgebung. Wenn Ihr Hund sich im Wohnzimmer mit Ihnen allein auf das Kommando „Sitz!" hin auch hinsetzt, bedeutete das nicht, dass er dasselbe auch an einem anderen Ort oder unter Ablenkung tut. Für das Dogdance heißt das, dass Sie sowohl die einzelnen Tricks als auch eine ganze Choreographie an wechselnden Orten und auch unter Ablenkung trainieren sollten.

Setzen Sie sich und vor allem Ihren Hund nicht unter Druck. Hunde lernen unterschiedlich schnell. Vielleicht begreift Nachbars Dackel eine Übung schneller als Ihr Hund. Was soll's? Bei einer anderen verknüpft vielleicht Ihr Hund schneller.

Und selbst wenn Ihr Hund binnen Minuten das Pfötchengeben kapiert hat, dauert es unter Umständen einen ganzen Monat, bis er ein paar Schritte rückwärts läuft.

Wer sich beim Training zu hohe Ziele steckt, hat nur selten Erfolgserlebnisse. Planen Sie immer nur kurze Trainingseinheiten. Hunde sind schon nach wenigen Minuten vollster Konzentration müde – vor allem, wenn sie neue Dinge lernen.

Erwarten Sie keine Wunder, sondern freuen Sie sich über kleine Fortschritte und akzeptieren gelegentliche Rückschritte. Beenden Sie jede Trainingseinheit mit einem Erfolgserlebnis. Fehler passieren, wenn ein Hund überfordert wurde. Wenn Ihr Hund etwas gar nicht machen will, liegt es niemals daran, dass er Sie ärgern will. Sie haben ihm dann einfach nicht klar genug erklärt, was Sie überhaupt von ihm wollen. Die Verknüpfung fehlt!

Mit Spaß zum Ziel

Wer zusammen mit seinem Hund Spaß haben will, sollte schon eine Portion gute Laune mitbringen. Obwohl alle Hunde die Gabe haben, uns zum Lachen zu bringen, bedeutet das im Umkehrschluss nicht, dass Sie mit Ihrem Hund vor allem dann arbeiten sollten, wenn Sie traurig sind oder mitten im Stress. Ihr Hund spürt Ihre Stimmung. Wenn Sie niedergeschlagen oder zornig sind, bezieht er das auf sich. Und dann wird er kaum schwanzwedelnd neben Ihnen Fuß laufen. Üben Sie also nur, wenn Sie selbst Lust dazu haben. Dann ist Dogdance Vergnügen pur – für das sechsbeinige Team.

Ob Sie eine Choreographie nur für den Hausgebrauch auf sechs Beine stellen oder vor Publikum auftreten wollen – Sie bestimmen, was Ihnen Spaß macht. Allein Sie stecken sich das Ziel. Wenn Sie Dogdance als Turniersport betreiben wollen, müssen Sie mit Ihrer Choreographie die Richter beeindrucken. Das ist noch mal etwas anderes, als ein Publikum zu begeistern. Und sogar da gibt es Unterschiede. So werden die fachkundigen Besucher einer Hundeausstellung ganz anders auf eine Dogdance-Präsentation reagieren als Ihre Kollegen beim Betriebsausflug. Eines ist aber immer gleich: Der Gesamteindruck einer Choreographie stimmt nur, wenn der Hund Freude am Arbeiten hat und dies vor allem bei der Fußarbeit beweist. Damit ist das Fußlaufen nicht das notwendige Übel beim Dogdance, um die einzelnen Tricks miteinander zu verknüpfen, sondern die Basis von allem.

Wer sich selbst beim Dogdance in Szene setzen will, kann das tun. Es genügt aber nicht, mit einem Wurstzipfel in der Hand seinen Hund mitzulocken und jeden Trick als „Hund kann dem Duft von Würstchen folgen“ zu präsentieren. Streben Sie Harmonie an – und Präzision. Und vergessen Sie nie den etwas abgenutzten, aber doch so wahren Spruch: Der Weg ist das Ziel.

Den Hund motivieren

Wenn Sie Ihren Hund motivieren wollen, müssen Sie verstehen, auf welche Reize Hunde reagieren. Rollen Sie zum Beispiel auf einen Welpen einen Ball zu: Er wird ihn interessiert beobachten. Rollen Sie den Ball aber vom Welpen weg, wird er aufspringen und hinterherlaufen. Denn in Ihrem Stubenwolf ist der Beutetrieb noch fest verankert. Nur etwas, das flieht (oder wegrollt), löst den Beuteinstinkt aus und motiviert einen Hund hinterherzulaufen.

Wenn Sie im Kopf behalten, dass ein Spielzeug als Beute erkannt werden muss, ist jeder Hund für jedes Spielzeug zu begeistern: Nehmen Sie es ihm weg, legen Sie es in eine Schublade und holen Sie es drei Tage lang nur hervor, um selbst damit zu spielen – in Gegenwart Ihres Hundes natürlich. Wetten, dass er es am vierten Tag haben will. Geben Sie es ihm – aber nur kurz. Dann kommt es wieder in die Schublade.

Warum schütten Sie Ihrem Hund jeden Tag seine Portion Futter in eine Schüssel? Wenn er sein Futter sowieso bekommt, warum sollte er dann für Sie arbeiten? Füllen Sie lieber morgens die Tagesration oder wenigstens die Hälfte davon ab und füttern sie über den Tag verteilt – jeden Brocken als Belohnung für eine korrekt ausgeführte Übung. Bleiben Sie immer unberechenbar. Wenn Ihr Hund für jedes „Sitz!“ ein Leckerli sicher weiß, verliert er die Lust. Wenn er aber nicht genau weiß, für das wievielte „Sitz!“ er das nächs-

Unsere Spielzeuge bei einer Trainingseinheit der „Sylter Hundefreunde".

te Futterstücken oder sogar mal die ganze Hand voll bekommt, bleibt er aufmerksam.

An dem bei manchen Rassen viel beschworenen „will to please" – übersetzt „dem Willen, gefällig zu sein" – ist so viel nicht dran. Ihr Hund will Sie nicht einfach nur so erfreuen. Im Optimalfall hat er aber gelernt, dass es sich für ihn lohnt, wenn Sie sich freuen – weil er dann (vielleicht) ein Leckerli bekommt. Das nennt man positive Bestärkung. Etwas anderes ist es, wenn ein Hund Befehlen nur folgt, um einer Bestrafung zu entgehen. Wer seinen Hund auf diese Art ausbildet, korrigiert falsches Verhalten durch Strafe. Zum Beispiel wendet er den Leinenruck an, wenn der Hund an der Leine zieht. Leider funktioniert diese Methode auch, aber ein Hund mit Meideverhalten ist kein freudig motivierter Hund.

Dass die eigene Erwartungshaltung entscheidend für die Motivation ihres Hundes ist, wissen viele Hundebesitzer nicht. Sie wundern sich nur, dass ihr Hund „immer so süß" Pfötchen gibt, aber auf „Haaaaasso, kommst du jetzt hiiieeerher?"

nur selten sofort reagiert. Dabei macht es für den Hund eigentlich keinen Unterschied, ob er sinnvolle oder sogar notwendige Dinge lernt oder im täglichen Leben überflüssige Tricks. Wahrscheinlich hatten sie viel Spaß dabei, Hasso das Pfötchengeben beizubringen. Er hat es daher gut verknüpft. Das Herankommen war aber wohl eher eine lästige Pflichtübung – entsprechend war Hassos Motivation beim Lernen. Solange Sie sich beim Training nicht ganz sicher sind, dass Ihr Hund die gewünschte Verknüpfung hergestellt hat, also wie im Beispiel auf „Hierher!" auch tatsächlich herankommt, verlangen Sie diese Übung nicht. Im Klartext: Rufen Sie Ihren Hund nur, wenn Sie selbst sich sicher sind, dass er kommt.

Trainingsmethoden

Bevor es nun an die Praxis des positiven Bestärkens geht, brauchen Sie für das gemeinsame Training ein Start- und ein Endkommando – zwei Wörter, die dem Hund sagen „Jetzt geht's los!" beziehungsweise „Jetzt ist Schluss!".

Das ist wichtig, weil es Klarheit schafft für den Hund. Er muss wissen, wann Sie seine volle Konzentration haben wollen.

Wenn Sie mit Ihrem Hund arbeiten wollen, sagen Sie jedes Mal am Anfang „Los geht's!" oder „Auf geht's", „Action!", „Ready?" oder Ähnliches. Sobald eine Trainingssequenz beendet ist, der Hund eine kurze Pause bekommt oder ein kleines Spiel folgen soll, beenden Sie die Trainingsphase jedes Mal mit „Schluss!", „Ende!", „Finito!", „Feierabend!", „Das reicht!" oder „That'll do!". Mit der Zeit wird der Hund begreifen, dass diese beiden Wörter wie ein Lichtschalter für seine Aufmerksamkeit gemeint sind. Und tatsächlich können Sie dann mit dem Startkommando Ihren Hund bei Bedarf „einschalten" und schließlich wieder „ausschalten". Vergessen Sie möglichst nie das Endkommando, sonst steht Ihr Hund ständig „unter Strom".

Bevor Sie mit dem Training beginnen, machen Sie sich einen Plan im Kopf. Denn wie soll Ihr Hund wissen, was Sie von ihm wollen, wenn Sie selbst keine klaren Vorstellungen davon haben. Stecken Sie sich nur klitzekleine Ziele, dann haben Sie – und Ihr Hund – mehr Erfolgserlebnisse. Nehmen Sie eventuell auch eine leichte Leine als Hilfsmittel – nicht als Zwangsmittel, sondern um den Hund am Verlorengehen zu hindern. Gerade wenn Sie erst mit dem Training anfangen, kann eine Leine sehr wichtig sein. So müssen Sie sich nicht über das Weglaufen Ihres Hundes ärgern, weil er gar nicht weglaufen kann. Zerren Sie aber niemals an der Leine. Der Hund soll immer freiwillig (wieder) auf Sie zukommen. Wenn Sie doch leicht in Versuchung geraten, an der Leine zu ziehen, binden Sie sich das Ende einfach um den Bauch, statt es in der Hand zu halten.

Training mit Futter

Fast jeder Hund lässt sich mit einem Wurstzipfel vor seiner Nase im Slalom durch die Beine führen oder dreht sich im Kreis, während er einem Futterstückchen folgt – nur verlockend genug muss es sein. Leider blockiert der Würstchenduft in der Nase das Verknüpfen im Hundehirn. Das heißt: Solange er das Futter direkt vor der Nase hat, nimmt er das Kommando, das Sie sagen, während er die neue Übung ausführt, kaum wahr. Und so schnell er die Bewegung auch „erlernt", es dauert lange, die Futterhilfe wieder abzubauen.

Aber es funktioniert – in ganz kleinen Schritten. Wenn Sie sich für das Training mit Futter entscheiden, halten Sie am Anfang jeder neuen Übung Ihrem Hund das Futter vor die Nase. Er muss es sehen können. Der zweite Schritt folgt, wenn er den Trick mit dem sichtbaren Leckerli beherrscht: Verstecken Sie es nun in der Hand, sodass der Hund der Hand mit dem Futter folgt, aber es nur riechen und nicht mehr sehen kann. Im nächsten Schritt nehmen Sie das Futter in die andere Hand. Der Hund muss nun der Hand folgen, in der Sie kein Futterstückchen halten, und bekommt seine Belohnung aus der anderen Hand – gleich nachdem er die gewünschte Übung ausgeführt hat. Im vorletzten Schritt haben Sie gar kein Futter mehr in der Hand, sondern holen es aus Ihrer Jackentasche. Und im letzten Schritt bewahren Sie die Leckerlis schließlich in einer kleinen Box am Rand Ihrer Übungsfläche auf.

Betrügen Sie Ihren Hund nie. Er muss sich sicher sein, dass er eine Belohnung bekommt – spätestens wenn Sie mit dem Endkommando eine Trainingseinheit beenden. Nicht nach jeder korrekt ausgeführten Bewegung sollte automatisch ein Futterstückchen kommen, auch nicht exakt jedes zweite oder jedes dritte Mal. Variieren Sie die Gabe von Belohnungen – auch in ihrer Menge. Überraschen Sie Ihren Hund ab und zu mit einem Jackpot – einer ganzen Hand voll Leckerli. Wenn Sie mit dem gewohnten Futter als Belohnung trainieren, nehmen Sie zur Abwechslung mal Käse oder Wurststückchen. So bleibt das Training immer spannend für den Hund.

Die einzelnen Schritte, in denen Sie die Futterhilfe abbauen, müssen Sie für jedes Teilziel einer Übung wiederholen. Wenn Sie beispielsweise mit Ihrem Hund einen neuen Trick im Wohnzimmer einstudieren, bis er ihn mit der Futterbox am Rand beherrscht, kann es gut sein, dass Sie draußen wieder beim ersten Schritt (der Hund sieht das Futter in der Hand, die ihn führt) beginnen müssen. Ein drittes Mal von vorne anfangen müssen Sie schließlich, wenn andere Hunde in der Nähe sind beziehungsweise Ihr Hund anderweitig abgelenkt wird. Meistens verknüpfen Hunde Kommandos mit Orten beziehungsweise Situationen. So kommt es, dass ein Hund, der auf dem Hundeplatz alle Unterordnungsübungen tadellos zeigt, jenseits des Zauns überhaupt nicht mehr hört. In diesem Fall fehlt die Verknüpfung.

Sogar während einer kurzen Trainingseinheit kommt stückchenweise eine beachtliche Futtermenge zusammen, die Ihr Hund frisst.

Deshalb sollten die Leckerlis möglichst klein sein und zweitens – gerade bei übergewichtigen Hunden – unbedingt von der Tagesration an Futter abgezogen werden. Am besten ist es sogar, wenn Sie die Futterschüssel Ihres Hundes ganz wegräumen und ihm seine tägliche Portion über mehrere Trainingseinheiten verteilt geben. Lassen Sie Ihren Hund wieder Wolf sein und für sein Futter arbeiten.

Training mit Spielzeug

Statt Leckerlis können Sie auch ein Spielzeug verwenden. Allerdings muss dazu die Motivation des Hundes stimmen. Während quasi jeder Hund einem Wurstzipfel oder einem Stück Käse Beachtung schenkt, verhält sich die Sache mit einem Spielzeug anders.

Ein Hund, der nicht verrückt nach seinem Bällchen ist, lässt sich kaum mit ihm zu Tricks motivieren. Umgekehrt gibt es Hunde, die allzu verrückt nach Bällen, Quietschetieren oder Zerrtauen sind. Solche Bällchen- oder Stöckchen-Junkies schalten ihr Hirn ab, wenn sie das

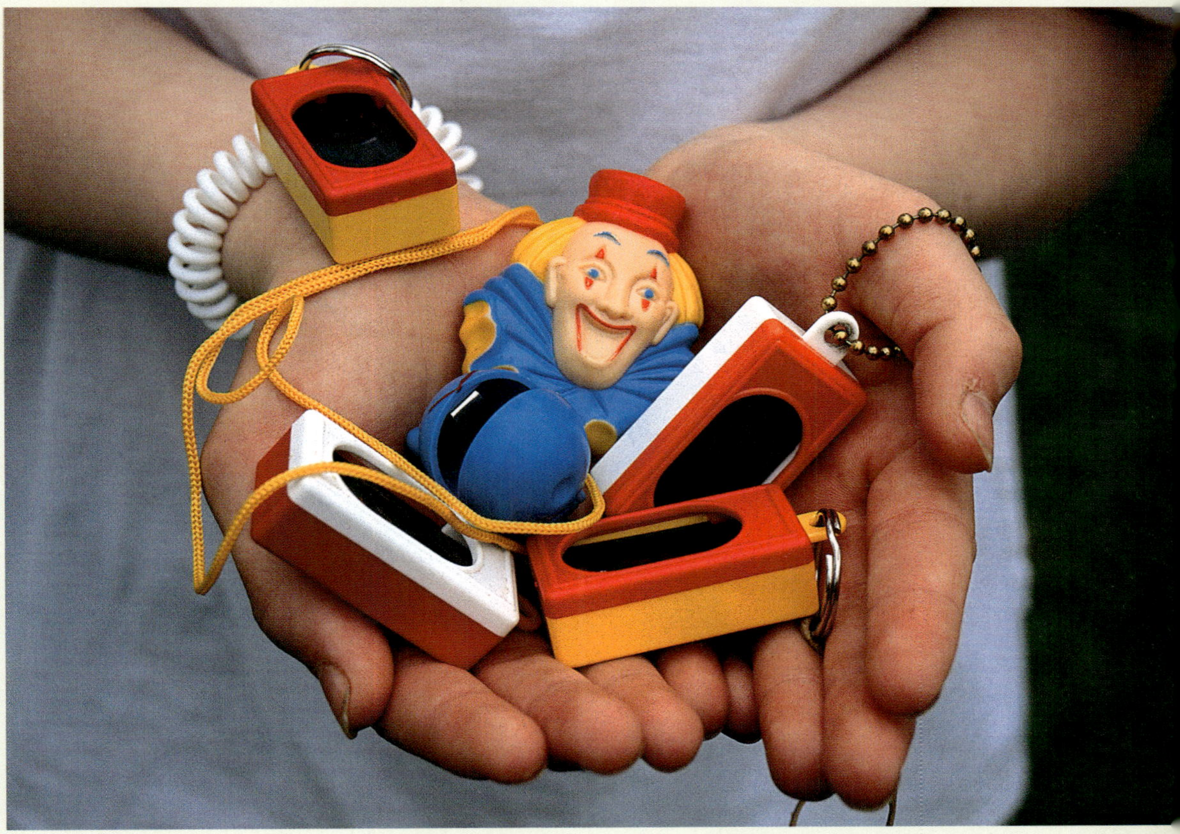

Clicker gibt es in vielen Formen und Farben.

Objekt ihrer Begierde sehen. Verknüpfungen können sie dann aber nur sehr schwer herstellen.

Bei passendem Motivationsniveau des Hundes funktioniert das Training mit einem Spielzeug genauso wie das Training mit Futter. Das Spielzeug als Hilfe wird in denselben fünf Schritten abgebaut. Gut geeignet ist diese Methode für Tricks, bei denen es auf Geschwindigkeit ankommt.

Die meisten Hunde arbeiten für ein Spielzeug schneller als für Futter. Sie müssen selbst herausfinden, ob Sie lieber Futter, ein Spielzeug oder eine Kombination aus beidem beim Training verwenden wollen.

Clickertraining

Beim Clickertraining lernt der Hund nicht durch Hilfen, sondern durch Ausprobieren. Stellen Sie sich vor, dass Sie in einer Ihnen unbekannten Stadt sind, jemand hält Ihnen einen 100-Euro-Schein vors Gesicht und sagt: „Folgen Sie dem Geldschein bis zum Bahnhof, dann können Sie ihn behalten!“ Sie gehen nun der Banknote vor Ihrer Nase nach, erreichen schließlich den Bahnhof und bekommen dort die 100 Euro. Können Sie jetzt den Weg von Ihrem Ausgangspunkt zum Bahnhof beschreiben? Wohl kaum. Stellen Sie sich nun vor, dass Ihnen jemand sagt: „Finden Sie den Weg zum Bahnhof. Dort liegen 100 Euro für Sie!" Sie müssen diesmal zwar Ihren Weg selbst suchen und verlaufen sich womöglich zwischendurch auch mal in einer Sackgasse. Das hat aber den Vorteil, dass Sie hinterher den Weg zum Bahnhof beschreiben können und immer wieder finden. So funktioniert das Clickertraining. Der Hund erarbeitet sich selbst schrittweise durch Ausprobieren den Weg zum Ziel. So findet er ihn immer wieder. Das heißt: Er kann Übungen wiederholen. Er hat sie sich schließlich Stück für Stück selbst erarbeitet und eine Verknüpfung hergestellt. Später ist die Übung dann von Ihnen mit einem Kommando abrufbar.

Allerdings erfordern manche Verknüpfungen bis zu 5.000 Wiederholungen, bevor sie sicher sitzen.

Ein Clicker ist nichts anderes als ein Knackfrosch und mittlerweile in jedem Zoogeschäft zu kaufen. Das Geräusch, das sich damit machen lässt, ist einprägsam und mit Alltagsgeräuschen kaum zu verwechseln. „Klick!" bedeutet für den Hund, dass eine Belohnung kommt.

Clicker-Anfänger müssen das ihrem Hund natürlich erst mal beibringen, indem sie klicken und sofort ein Leckerli füttern, klicken, Leckerli, klikken, Leckerli und so weiter. Das nennt man konditionieren. Pawlow hat statt eines Clickers das Glöckchen benutzt. Dass der Hund das Geräusch des Clickers mit der Belohnung verknüpft hat, können Sie testen, indem Sie klicken, wenn Ihr Hund gerade mit etwas anderem beschäftigt ist. Kommt er angerannt, geben Sie ihm sofort seine Belohnung. Von nun an klicken Sie nur noch, wenn Ihr Hund etwas dafür tut.

Wiederholen Sie den Test keinesfalls, wenn er erfolgreich war. Der Clicker dient nicht dazu, den Hund heranzulocken. Das „Klick!" ist die kürzeste Variante für: „Das, was du gerade machst, gefällt mir, deshalb gibt es gleich eine Belohnung dafür." Anfangs wird Ihr Hund erstaunt sein, dass Sie ihm zwar den Clicker zeigen und auch eine Hand voll Futter parat haben, aber das ersehnte „Klick!" nicht kommt. Weil er ungeduldig wird, wird er vielleicht mit seiner Nase Ihre Hand anstupsen. Oder er benutzt dazu seine Pfote. Falls Sie geplant haben, dass Ihr Hund das Pfötchengeben lernen soll: Wunderbar! „Klick!" und Futter. Eventuell verlagert Ihr Hund aber auch nur sein Gewicht von einer Pfote auf die andere: „Klick!" und Futter. Denn das Entlasten einer Pfote ist schon der erste Schritt in Richtung Pfötchengeben.

Ein relativ einfacher Trick wie das Pfötchengeben lässt sich in mindestens 20 Teilschritte zerlegen. Wenn Sie pro Trainingseinheit nur einen davon erreichen, genügt das schon. Beim Clickertraining müssen Sie geduldig warten können, dass Ihr Hund etwas anbietet. Bestärken Sie aber jeden noch so kleinen Schritt mit einem „Klick!" und Futter. Beobachten Sie Ihren Hund genau. Je öfter Sie klicken (das kann bis zu 30-mal in einer Minute sein), desto mehr wird Ihr Hund Ihnen anbieten.

Statt einen Clicker zu benutzen, können Sie auch mit der Zunge schnalzen, mit einem Glöckchen klingeln oder ein Wort sagen. Das kann bei einem sehr ängstlichen Hund ratsam sein.

Sie können aber den Clicker bei einem geräuschempfindlichen Hund auch anfangs dämpfen, indem Sie ihn unter einem dicken Kissen oder in der Hosentasche betätigen. Wichtig ist nur, dass das Geräusch, das Ihr Hund mit „Jetzt gibt's was Leckeres!" verknüpft hat, niemals das Leckerli als Belohnung ersetzt. Auf jedes „Klick!" oder ersatzweise gewählte Geräusch muss ein Leckerli folgen.

Beim Clickertraining wird der Hund nie gelockt. Er soll agieren statt reagieren. Jedes „Klick!“ verrät ihm: „Das, was du gerade tust, ist richtig, und gleich gibt es eine Belohnung dafür.“ Wie beim Topfschlagen auf dem Kindergeburtstag erreicht Ihr Hund schließlich das Ziel, das Sie ihm gesetzt haben.

Wenn Sie Ihren Hund einmal aus Versehen in die falsche Richtung schicken, also im falschen Moment geklickt haben, müssen Sie ihm trotzdem seine Belohnung geben. Es ist völlig in Ordnung, wenn Ihr Hund das, was er gerade tut, sofort beendet beim „Klick!“. Das heißt: Wenn Sie zum Beispiel das Pfötchengeben klicken, darf Ihr Hund beim „Klick!“ seine Pfote wieder auf den Boden stellen und sich von Ihnen seine Belohnung holen.

Wenn ein Hund die Übung, die Sie gerade mit ihm erklickern, zuverlässig immer wieder zeigt, etwa jedes Mal die rechte Pfote schnell und hoch genug hebt, wechseln Sie zu variabler Bestärkung. Sie klicken also nicht mehr jedes Pfotegeben, sondern nur noch jedes zweite – und dann mal nach dem dritten, fünften oder achten Mal. Variabel heißt, dass es nicht regelmäßig und damit für den Hund nicht vorhersehbar sein darf. Denken Sie daran, für eine besonders gute Ausführung zwischendurch auch mal einen Jackpot zu geben.

Ein Kommando führen Sie beim Clickertraining erst ganz am Schluss ein, wenn die neue Übung bereits richtig sitzt, das heißt unter variabler Bestärkung konstant gezeigt wird. Sie sagen das Kommando dann jedes Mal, wenn Ihr Hund gerade das erlernte Verhalten zeigt. So lernt er, wie das neue Verhalten „heißt“.

Vergessen Sie in dieser letzten Phase nicht, weiterhin zu klicken und Ihren Hund zu belohnen. Wenn die Verknüpfung von Signalwort und Handlung hergestellt ist, reicht es, das Kommando zu sagen, um die entsprechende Übung sofort abzurufen.

Von der Autoantenne bis zur Fliegenklatsche – fast alles, was lang ist, taugt als Target.

Als gute Einstiegsübung in das Clickertraining hat sich das Berühren eines Zeigestabes (englisch „target stick“) erwiesen. Dabei soll der Hund mit der Nase das Ende des Targets berühren. Diese Übung ist erstens einfach und zweitens später bei anderen Tricks sehr nützlich. Denn mit dem Target lässt sich der Hund besser führen als mit einem Wurstzipfel in der Hand.

Wenn Sie Ihrem Hund das Berühren eines Targets beibringen wollen, bestärken Sie am Anfang das kleinste Interesse, das Ihr Hund für den Stab in Ihrer Hand zeigt. Ihr Hund guckt zum Target: „Klick!“ und Futter. Später muss er einen Schritt darauf zu machen, schließlich den Target mit der Pfote oder der Schnauze irgendwo berühren. Dann darf er ihn nur noch mit der Nase berühren, dann nur noch am Ende, dann immer länger.

Erst wenn Sie so weit gekommen sind, fangen Sie an, ein Kommando zu geben, wenn Ihr Hund den Target berührt. Schließlich wird er das Kommando mit dem Berühren des Zeigestabs verknüpfen. Fertig!

Tipp:
Als Target eignet sich eine alte Autoantenne besonders gut, weil sie sich in der Länge beliebig variieren lässt. Am besten befestigen Sie noch mit farbigem Klebeband eine Holzperle am Ende der Autoantenne – fertig ist der Target.

Fußlaufen

Jetzt wird es langsam höchste Zeit für die ersten Dogdance-Schritte. Doch noch bevor Sie mit Ihrem Hund das Fußlaufen üben können, sollte Ihr Hund lernen, Sie aufmerksam anzuschauen. Laufen Sie einfach rückwärts los, wenn Ihr Hund vor Ihnen sitzt oder steht, und bestätigen Sie jeden Blickkontakt Ihres Hundes.

Wenn das klappt, können Sie rückwärts in Schlangenlinien laufen. Ihr Hund sollte versuchen, Ihnen fröhlich zu folgen und Ihr Gesicht nicht aus den Augen zu verlieren. Sie können schließlich ein Kommando einführen für „Schau mich an!“ – zum Beispiel „Guck mal!“ oder „Watch!“.

Nun können Sie anfangen, Ihrem Hund die korrekte Position links oder rechts neben Ihnen beizubringen. Üblich ist es, das Fußlaufen an Ihrer linken Seite zuerst zu trainieren. Stellen Sie sich neben Ihren ruhig sitzenden oder stehenden Hund, sodass seine Schulter die Seitennaht Ihrer Hose berührt: „Klick!“ und Leckerli oder – wenn Sie lieber ohne einen Clicker arbeiten wollen – nur ein Stück Futter als Bestätigung. Bewegen Sie sich sofort danach wieder von Ihrem Hund weg. Er sollte keine Chance haben, selbst von Ihnen wegzurücken.

Zerren Sie beim Üben der Fußposition nie an der Leine, falls Sie eine benutzen, und schieben Sie Ihren Hund auch nie mit den Händen in die gewünschte Position.

Bestätigen Sie Ihren Hund nur, wenn er korrekt neben Ihnen sitzt oder steht und Sie dabei anschaut. Außer „Fuß!“ eignen sich als Kommandos auch „Ran!“ oder das englische „Heel!“ beziehungsweise „Close!“.

Sie brauchen auf jeden Fall zwei unterschiedliche Kommandos für das Fußlaufen links und rechts von Ihnen. Sie sollten am Anfang aber nur eine Seite trainieren.

Für den Fall, dass Ihr Hund bereits den Befehl „Fuuuuß!“ kennt und mit eben diesem Kommando wenig Spaß verbindet, nehmen Sie ein neues Kommando und fangen Sie noch mal ganz von vorne an. Denn selbst wenn Sie das „Fuß!“ plötzlich im höchsten Flötenton trällern – eine bestehende Verknüpfung zu lösen oder zu ändern ist viel schwieriger, als eine neue herzustellen.

Die Fußarbeit sollte für Ihren Hund und auch für Sie die schönste Sache der Welt sein. Und

„Rocky" ist sehr klein. Damit Simone sich nicht bücken muss, lernt er das Fußlaufen mit dem Target. Zu Beginn hält sie die Targetspitze dicht vor seine Nase, nach und nach verkürzt Simone den Target.

damit sie das wird, muss der Spaß beim Training von Beginn an im Vordergrund stehen.

Wenn der Hund korrekt neben Ihnen sitzen oder stehen kann, wagen Sie den ersten Schritt nach vorne. Folgt Ihr Hund Ihrer Bewegung? Prima! Bestärken Sie ihn, und entfernen Sie sich gleich danach wieder von Ihrem Hund. Gehen Sie im wahrsten Sinne des Wortes Schritt für Schritt vor. Das heißt: Trainieren Sie als Nächstes zwei Schritte Fuß laufen. Wenn Sie mit Futter oder einem Spielzeug arbeiten, bauen Sie für jeden einzelnen Schritt die Hilfe komplett ab: Leckerli/Ball in der linken Hand, in der rechten Hand, in der Tasche und so weiter. Freuen Sie sich über einen einzelnen Schritt, den Ihr Hund perfekt bei Fuß läuft, als ob „Lassie" gerade einem verirrten Kind den Weg nach Hause gezeigt hätte. Freuen Sie sich aber, während er das tut – nicht erst hinterher.

Probieren Sie den dritten Schritt erst, wenn Ihr Hund zwei Schritte ohne Hilfe schafft. Verfahren Sie mit dem vierten, fünften und auch noch mit

Ute und „Coco" trainieren das Fußlaufen aus der Bewegung: „Coco" schaut aufmerksam, Ute läuft rückwärts, und „Coco" folgt ihr, dann dreht sich Ute zu „Coco", gemeinsam laufen sie weiter.

„Grappa" und Inka zeigen, wie ein Hund lernt, die korrekte Fußposition einzunehmen.

3

4

4

5

dem zehnten Schritt genauso. Wenn Sie mit einem Clicker arbeiten, klicken Sie in dem Sekundenbruchteil, in dem Ihr Hund an Ihr Bein strebt – aktiv ist, nicht wenn er nach ein oder zwei Schritten wieder neben Ihnen sitzt. Sonst lernt Ihr Hund zwar korrektes Bei-Fuß-Sitzen, aber nicht das Bei-Fuß-Laufen.

Das Fußlaufen können Sie auch gut aus der Bewegung heraus trainieren. Laufen Sie dazu rückwärts und lassen Ihren Hund aufmerksam folgen. Wie bei der Aufmerksamkeitsübung läuft Ihr Hund also vorwärts, während Sie sich rückwärts bewegen. Drehen Sie sich nun im Gehen um 180 Grad nach rechts (das heißt im Uhrzeigersinn) und machen Sie mit Ihrem Hund in der Fußposition ein paar Schritte vorwärts. Bestätigen Sie das Fußlaufen.

Drehen Sie sich dann wieder um und beginnen von vorne. Mit der Zeit sollte Ihr Hund die korrekte Fußposition selber einnehmen können. Lassen Sie ihn dazu möglichst nicht – wie beispielsweise früher in der Begleithundeprüfung erforderlich – einen Kreis um Ihre Beine laufen.

Sie können Ihrem Hund zeigen, wie er in die korrekte Position neben Ihnen kommt, indem Sie sich vor ihn stellen (Ihr Hund sitzt also in der Frontposition) und mit dem linken Bein einen Schritt nach hinten machen. Ermuntern Sie Ihren Hund, jetzt in einem möglichst kleinen Bogen an Ihr ausgestelltes Bein zu rücken. Sobald seine Schulter Ihr linkes Bein berührt, ziehen Sie es wieder in die Ausgangsposition neben Ihr rechtes Bein zurück. So lernt Ihr Hund, sich gerade auszurichten. Diese Übung kommt aus dem Obedience-Sport. Dort ist sie ein Teil der Linkswendung.

Früher oder später stellt sich jeder wohl die Frage: Wie perfekt muss das Fußlaufen eigentlich sein? Darauf gibt es nur eine Antwort: Perfekt reicht! Denn das Wort „perfekt" lässt sich nicht steigern. Jede Dogdance-Choreographie steht und fällt mit dem Fußlaufen. Sie müssen sich jederzeit darauf verlassen können, dass Ihr Hund schwanzwedelnd neben Ihnen läuft, wenn Sie das wollen. Nur so können Sie sich auf die Musik und die Tricks konzentrieren. Wenn Ihr Hund zwar schwierige Elemente aus dem Effeff beherrscht, aber noch nicht perfekt bei Fuß laufen kann, können Sie keine Choreographie gestalten. Klebt Ihr Hund dagegen an Ihrer Hosennaht beziehungsweise läuft er freudig dicht neben Ihnen her, können Sie mit ein paar schicken Wendungen bereits im Takt der Musik loslegen.

Der häufigste Fehler beim Dogdance ist leider der, dass der Hund das Fußlaufen erst lernen soll, wenn er schon diverse Tricks kennt. Dabei kann man mit der korrekten Fußarbeit gar nicht früh genug anfangen. Bereits ein acht Wochen alter Welpe kann lernen, dicht neben Herrchens oder Frauchens Bein zu sitzen und dabei aufmerksam nach oben zu schauen. Stecken Sie sich immer wieder Teilziele. Verlangen Sie nicht zu viel auf einmal von Ihrem Hund. Üben Sie immer nur wenige Minuten lang – dafür lieber mehrmals an einem Tag. Freuen Sie sich über jeden einzelnen Schritt, den Ihr Hund macht. Bauen Sie Hilfen langsam ab. Wenn der zweite Schritt ohne Hilfen einfach nicht klappen will, gehen Sie noch mal zurück und üben wieder nur den ersten Schritt.

Gehen Sie in Schlangenlinien, damit Ihr Hund lernt, sein Hinterteil immer wieder gerade auszurichten.

Wechseln Sie zwischendurch das Schritttempo. Beim Fußlaufen zeigt sich, wie harmonisch ein sechsbeiniges Team zusammenarbeitet. Üben Sie mit Musik. Das macht mehr Spaß.

Die Tricks

Drehungen und Wendungen

Ob Sie Ihrem Hund später einmal „Dreh dich!", „Kreisel!", „Twist!" oder „Rum!" zurufen, die Drehung um 360 Grad gehört auf jeden Fall ins Dogdance-Repertoire.

Beginnen Sie mit der Drehung in eine Richtung – günstig ist zu Beginn, dass der Hund lernt, sich gegen den Uhrzeigersinn, also linksherum zu drehen, weil dies die Richtung ist, in die sich der Hund beim Fußlaufen an Ihrer linken Seite drehen kann. Üben Sie die Drehung mit dem Uhrzeigersinn möglichst viel später, sonst bringt Ihr Hund die beiden Übungen wahrscheinlich durcheinander.

Drehungen

Nehmen Sie ein Leckerli oder ein Spielzeug in die linke Hand, halten Sie mit der rechten Hand Ihren Hund an einem leichten Halsband fest. Der Hund sitzt oder steht dabei links von Ihnen in der Fußposition. Führen Sie nun das Futter/Spielzeug an der Hundenase vorbei gegen den Uhrzeigersinn nach hinten. Guckt Ihr Hund hinterher? Gut!

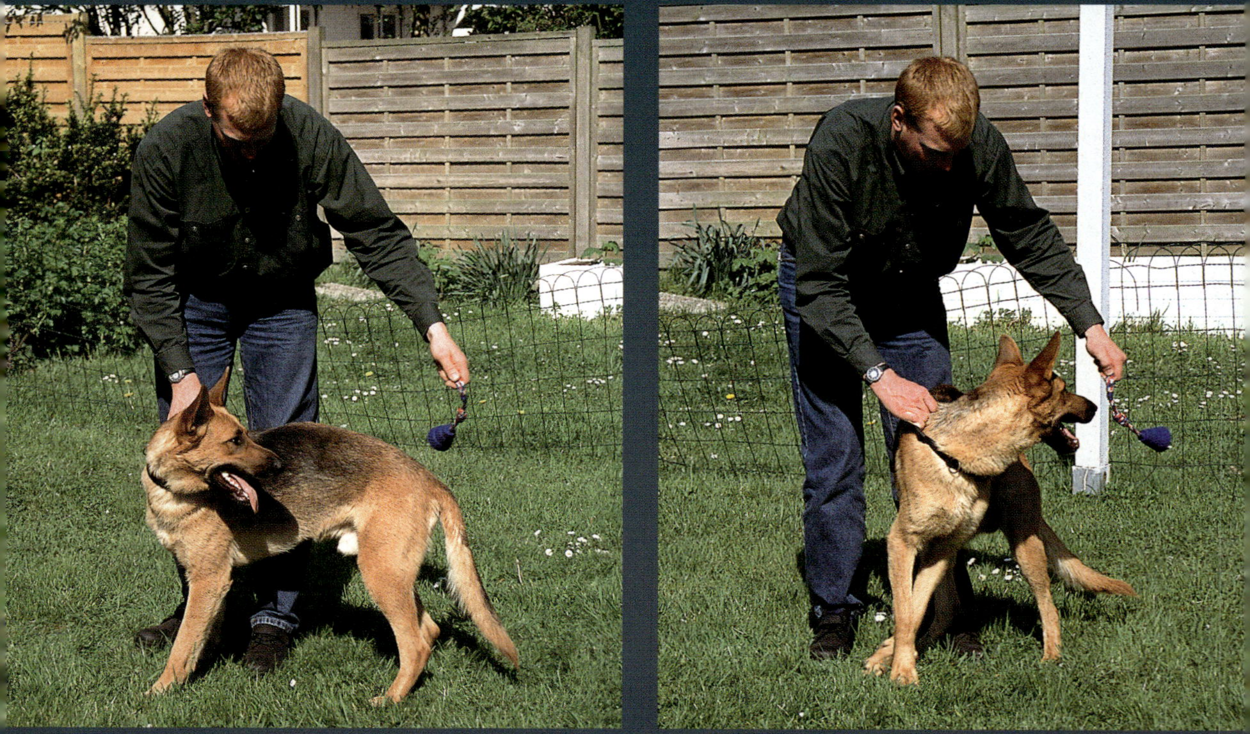

„Milan" lernt die Drehung. Matthias hält ihn so lange am Halsband fest, bis er sich ganz sicher ist, dass „Milan" dem Spielzeug folgen wird und sich dabei um sich selbst dreht.

Lassen Sie das Halsband los, wenn Ihre linke Hand ungefähr am linken Hinterbein Ihres Hundes angekommen ist. Ihr Hund wird sich schnell drehen, um das Leckerli, den Ball oder das Zerrtau zu bekommen. Geben Sie es ihm. Er hat es sich verdient. Wenn Ihr Hund sich nicht dreht, entfernen Sie das Futter/Spielzeug noch nicht so weit von seiner Nase. Trainieren Sie einfach Zentimeter für Zentimeter.

Wenn Ihr Hund eine halbe Drehung immer wieder sofort ausführt, verlangen Sie mehr von ihm, indem Sie das Futter/Spielzeug, während Ihr Hund sich dreht, weiter gegen den Uhrzeigersinn wieder nach vorne führen. Jetzt muss er sich also um 360 Grad drehen, bevor er seine Belohnung bekommt. Sagen Sie das Kommando, für das Sie sich entschieden haben, jedes Mal, wenn Ihr Hund beginnt, sich zu drehen. Wenn der Twist reibungslos klappt, können Sie aufhören, das Halsband Ihres Hundes am Anfang der Übung festzuhalten. Später müssen Sie dann die Futter- oder Spielzeug-Hilfe ganz langsam abbauen. Wie das funktioniert, steht ausführlich im zweiten Kapitel. Am Ende soll Ihr Hund sich bloß auf das Kommando hin drehen – ohne jegliches Handzeichen.

Wenn Sie Ihrem Hund die Drehung mithilfe des Clickers beibringen wollen, sollten Sie zusätzlich den Target verwenden. Die Ausgangsposition ist dieselbe wie beim Training mit Futter oder Spielzeug: Ihr Hund sitzt oder steht neben Ihnen in der Fußposition. Führen Sie den Target vorne um den Hund herum nach links. Folgt Ihr

3

Hund dem Target, indem er den Kopf dreht? „Klick!“ und Leckerli. Als Nächstes führen Sie den Target etwas weiter nach hinten, sodass Ihr Hund sich biegen muss, um den Target nicht aus den Augen zu verlieren. Beginnen Sie aber immer noch am Kopf Ihres Hundes.

Sobald Ihr Hund verstanden hat, dass er den Target suchen muss, wenn er ihn nicht sieht, führen Sie den Target von hinten an die linke Seite Ihres Hund heran – während er noch an seinem letzten Leckerli kaut. Wenn Ihr Hund sich nun tatsächlich nach links dreht, um nach dem Target zu schauen, sind Sie einen großen Schritt weiter. Bringen Sie den Target immer wieder in Position, solange Ihr Hund noch kaut. Aus der halben Drehung können Sie leicht eine ganze machen, indem Sie die Schwierigkeit für Ihren Hund ganz langsam erhöhen. Erst wenn Ihr Hund sicher eine ganze Drehung ausführt, sollten Sie beginnen, ein Kommando dafür zu sagen.

Slalom

Die nächste Übung für Ihre Dogdance-Trickkiste ist der Slalom – es sei denn, Sie sind nur 1,60 Meter groß und haben einen Wolfshund oder eine Dogge. In diesem Fall sollten Sie Ihrem Hund wohl besser erst das Kriechen beibringen. Damit Ihr Hund lernt, einen Slalom durch Ihre Beine zu laufen, beginnen Sie wieder mit dem Hund in der Fußposition. Machen Sie mit dem rechten Bein einen Schritt nach vorne, und halten Sie mit der rechten Hand ein Leckerli oder einen Ball so neben Ihr rechtes Bein, dass der Hund das Futter/Spielzeug sehen kann. Ermuntern Sie Ihren

„Asta“ lernt „Twist!“ mithilfe des Targets.

Hund, unter Ihrem Bein durchzuschlüpfen. Ziehen Sie ihn keinesfalls am Halsband oder mit einer Leine unter Ihrem Bein durch.

Es ist wichtig, dass Ihr Hund seine Belohnung erst bekommt, wenn er ganz unter Ihnen durchgeschlüpft ist, also vor Ihrem rechten Bein steht. Wiederholen Sie diese Übung so lange, bis Ihr Hund ohne zu zögern immer wieder unter Ihnen durch um Ihr rechtes Bein läuft. Trainieren Sie jetzt erst die andere Seite. Nehmen Sie zwei verschiedene Kommandos – zum Beispiel: „Zick!" und „Zack!", „Hin!" und „Her!", „Rechts!" und Links!" oder auch „Sla-!" und „-lom!".

Wenn Ihr Hund den Slalom mit dem Clicker lernen soll, benutzen Sie – wie bei der Drehung – einen Target. Halten Sie die Targetspitze jeweils seitlich unter Ihrem Bein durch, sodass der Hund unter Ihnen durchgehen muss, um den Target zu berühren.

Wenn Ihr Hund von beiden Seiten durch Ihre Beine läuft, können Sie anfangen, Ihren Hund im Wechsel von links und von rechts unter Ihren Beinen durchlaufen zu lassen. Machen Sie anfangs zwei Schritte, dann drei, vier und so weiter. Bauen Sie langsam und konsequent die Hilfen ab, denn später sollten Sie aufrecht gehen können, während Ihr Hund sich im Slalom durch Ihre Beine windet. Das Tempo können Sie variieren, indem Sie Ihre Füße statt direkt nach vorne ein wenig seitlich aufsetzen. Der Hund muss dann einen weiteren Weg laufen. Nachdem Ihr Hund das seitlich ausgestellte Bein umrundet hat, bringen Sie es wieder in eine Linie vor das andere. Setzen Sie erst danach den hinteren Fuß seitlich nach vorne.

Dagmar hält den „Tiger" so lange zurück, bis er wirklich unter dem Bein durch möchte. Der „Tiger" bekommt die Belohnung schon nicht mehr aus der Hand, mit der er gelockt wurde.

Einzelne Tricks kann man prima im Wohnzimmer üben. Hier lernt „Cooper" den Slalom mithilfe des Targets.

Diese Variante, bei der Sie den Fuß erst ein wenig seitlich aufsetzen, lässt sich fast jedem Rhythmus anpassen. Meist sieht der Slalom so zudem eher „getanzt" aus. Gerade mit einem großen Hund sehen Sie leicht ein bisschen storchbeinig aus, wenn Sie Ihre Füße gerade nach vorne setzen und eventuell dabei noch ein wenig über Ihren Hund steigen müssen. Damit Letzteres nicht passiert, sollten Sie Ihren Hund beim Üben immer erst dann belohnen, wenn er komplett unter Ihnen durchgelaufen ist.

Kreise

Im Prinzip genauso, wie Sie Ihrem Hund den Slalom beigebracht haben, können Sie ihm zeigen, dass er einen Kreis um eines Ihrer Beine laufen soll. Eigentlich kann er das sogar schon, denn beim Slalom läuft Ihr Hund ja bereits um Ihr rechtes Bein einen Kreis gegen den Uhrzeigersinn sowie einen Kreis mit dem Uhrzeigersinn um Ihr linkes Bein. Daraus können Sie – mit denselben Kommandos oder neuen, wenn Ihnen das lieber ist – schnell slalomunabhängige Kreise machen. Lassen Sie dazu Ihren Hund anfangs vor Ihnen sitzen statt neben Ihnen, und stellen Sie das zu umrundende Bein nur mit den Zehenspitzen auf. Dann ist die Verwechslungsgefahr mit dem Slalom nicht so groß. Ihr Hund wird mit der Zeit lernen, an Ihrer Haltung zu erkennen, ob er gerade einen einzelnen Kreis, eine Acht (zwei Kreise – einen um das rechte und einen um das linke Bein) oder Slalom laufen soll.

Später können Sie Ihren Hund – mit einem neuen Kommando – auch einen Kreis mit dem

„Grappa" läuft einen Kreis um Inkas Bein.

1 2

Und so geht der „weave-turn": Erst läuft „Dikdik" rechts bei Fuß, dann unter dem Bein durch – wie beim Slalom. Denise macht eine Vierteldrehung nach rechts und „Dikdik" läuft an der linken Seite bei Fuß weiter.

„Grappa" bekommt aus dem Fußlaufen das Kommando für die Drehung. Während sie sich dreht, macht Inka eine Vierteldrehung nach links und zeigt dabei „Grappa" den Weg auf die linke Seite.

1 2

3

4

3

4

Uhrzeigersinn um Ihre beiden Beine laufen lassen. Rein theoretisch können Sie Ihrem Hund dann noch Kreise gegen den Uhrzeigersinn um Ihre beiden Beine herum beibringen oder mit dem Uhrzeigersinn um Ihr rechtes Bein beziehungsweise linksherum um linkes Bein. Das wären dann insgesamt sechs Kreise – zu viele für die meisten Hunde. Und Sie dürfen die sechs Kommandos ja auch nicht durcheinander bringen. Ersparen Sie Ihrem Hund lieber zu viele Drehwürmervarianten. Falls Sie es doch nicht lassen können, sind hier noch ein paar Vorschläge für Kommandos: „Kreis!" (dann sollten Sie aber auf „Kreisel!" für die Drehung verzichten), „Circle!" oder „Turn!". Wenn Sie für einen Kreis das Kommando „Rum!" (statt „Herum!") verwenden, passt in der Gegenrichtung auch „Whisky!" oder „Scotch!". Dem Erfindungsreichtum sind keine Grenzen gesetzt.

Wendungen

Aus den ganzen Drehungen und Kreisen lassen sich ohne allzu großen Aufwand ein paar schicke Wendungen für das Fußlaufen basteln. Wenn Ihr Hund den Slalom aus der Bewegung heraus beherrscht sowie das Fußlaufen rechts und links von Ihnen, versuchen Sie mal einen „weave turn" („weave" ist das englische Wort für Slalom, „turn" bedeutet Wendung). Dazu lassen Sie Ihren Hund aus dem Fußlaufen heraus den Slalom beginnen. Sobald Ihr Hund einmal unter Ihrem Bein durchgelaufen ist, biegen Sie im 90-Grad-Winkel von Ihrem Hund weg ab. Geben Sie Ihrem Hund das Kommando für das Fußlaufen auf der anderen Seite – fertig ist der „weave turn".

Aus dem Fußlaufen an Ihrer linken Seite heraus läuft Ihr Hund also einmal um Ihr rechtes Bein, Sie biegen nach links ab, und Ihr Hund läuft an Ihrem rechten Bein weiter. Von der rechten

Damit „Forsters" beim Sprung über die Arme nicht seitlich vorbei springt, übt Nina zunächst an einer Mauer. Dabei hält sie den Arm nach und nach immer höher. Im nächsten Schritt reicht eine Stange als optische Begrenzung für „Forsters". Zum Schluss genügen die nach oben gestreckten Finger.

1

2

Seite aus läuft Ihr Hund um Ihr linkes Bein herum, Sie biegen nach rechts ab, und Ihr Hund läuft anschließend auf Ihrer linken Seite weiter.

Obwohl Ihr Hund rein theoretisch längst alle Verknüpfungen im Hirn hat für den „weave turn“, wenn er das Fußlaufen und den Slalom gelernt hat, dauert es doch eine Weile, bis Sie die Wendungen flüssig laufen können. Daher ist es sinnvoll, den „weave turn“ anfangs mit Futter, einem Spielzeug oder Clicker samt Target zu trainieren.

Auch Drehungen können in Wendungen eingebaut werden. Beim „twist turn“ lassen Sie Ihren Hund beim Fußlaufen neben Ihnen eine Drehung machen. Biegen Sie währenddessen im 90-Grad-Winkel ab – anders herum als beim „weave turn“.

Wenn Ihr Hund also links neben Ihnen bei Fuß läuft, lassen Sie ihn sich einmal gegen den Uhrzeigersinn um sich selbst drehen und biegen dabei nach rechts ab, das heißt, machen Sie selbst eine Vierteldrehung nach rechts. Laufen Sie anschließend mit dem Hund an Ihrer rechten Seite weiter.

Entsprechend lassen Sie Ihren Hund eine Drehung im Uhrzeigersinn vollführen, während er an Ihrer rechten Seite läuft, und biegen Sie nach links ab, sodass Ihr Hund schließlich an Ihrer linken Seite weiterläuft.

Sprünge

Bei den Sprüngen sind Ihrer Phantasie genauso wenig Grenzen gesetzt wie bei den Drehungen und Wendungen. Allerdings sollten Sie sicher sein, dass Ihr Hund gesund ist, bevor Sie ihn über oder durch Ihre Arme, über Ihre Beine, über Ihren Kopf oder einfach nur vom Fleck weg nach oben

3

4

Erst üben Alja und „Elvis" den Sprung über ein Bein mit einer Stange als Begrenzung. So lernt „Elvis", über das Bein zu springen und nicht seitlich vorbei.

springen lassen. Hunde, die gerne springen, lernen die verschiedenen Sprünge in der Regel recht schnell.

Sprünge über die Arme oder Beine

Für den Sprung über die Arme oder Beine suchen Sie sich am besten eine Wand, an der Sie trainieren können. Ein Zaun, eine Hecke oder gestapelte Strohballen tun es natürlich auch. Trainieren Sie Sprünge möglichst nicht auf Asphalt oder einem ähnlich harten Untergrund. Berühren Sie im Stehen mit einer Fußspitze beziehungsweise – während Sie auf dem Boden knien oder hocken – mit den Fingerspitzen einer Hand die Wand. So hat der Hund keine Chance, seitlich vorbeizulaufen, statt zu springen. Beginnen Sie mit einer niedrigen Höhe, damit Ihr Hund nicht unter Ihrem Bein oder Arm durchläuft. Ermuntern Sie Ihren Hund mit Futter oder einem Spielzeug zum Sprung.

Wenn Ihr Hund springt, belohnen Sie ihn – möglichst in Laufrichtung. Das heißt, dass Sie das Spielzeug oder das Leckerli ein Stück in die Richtung werfen, in die Ihr Hund nach der Landung sowieso läuft. Sie können auch wieder den Target benutzen. Klicken Sie, wenn der Hund in der Luft ist. Er sollte von Anfang an lernen, dass er nicht aufsetzen soll. Im Idealfall üben Sie die Sprünge mit einem Helfer, der den Hund lockt. Vor allem den Sprung über die Arme lernt Ihr Hund besser, wenn Ihre Hände nicht nach Würstchen duften.

Die Sprunghöhe sollten Sie nach und nach steigern, wenn Sie sich sicher sind, dass Ihr Hund jedes Mal springt. Trainieren Sie die zweite Seite, wenn die erste klappt. Jeweils eine Sprungrichtung genügt. Wenn Sie Ihren Hund von vorne über Ihr rechtes Bein/Ihren rechten Arm springen lassen und von hinten über Ihr linkes Bein/Ihren linken Arm, kann Ihr Hund später im Uhrzeigersinn um Sie herumlaufen und dabei springen. Üben Sie das nicht zu früh. Sobald Sie sich nämlich von der Wand weg wagen, fangen die meisten Hunde doch an zu mogeln und springen mit den Hinterbeinen seitlich vorbei. Beim Sprung über die Arme können Sie ihn aber am Schummeln hindern, indem Sie zwei Fliegenklatschen oder leichte Stöcke in den Händen im rechten Winkel zu Ihrem Unterarm senkrecht nach oben halten.

Nach und nach können Sie die Hilfe abbauen, indem Sie die Fliegenklatschen oder Stöcke immer weiter durch Ihre Hände nach unten rutschen lassen, sodass die oberen Enden eine immer kürzere Sprungbegrenzung darstellen. Je nachdem wie gelenkig Sie sind, können Sie später Ihre Handflächen samt den Fingern rechtwinklig zu Ihren Unterarmen nach oben zeigen lassen – als bleibende Hilfe. Denn dann sieht der Hund nach wie vor eine kleine Sprungbegrenzung.

Sprung über den Kopf

Wenn Sie einen Hund haben, der alt und groß genug ist, um auch höher zu springen, können Sie ihm einen Sprung über Ihren Kopf beibringen. Allerdings benötigen Sie dafür einen Helfer.

Ann-Christin und „Coco" üben eine weitere Variante des Beinsprungs.

Zu Beginn lassen Sie Ihren Hund über eine leichte, waagerecht gehaltene Stange springen – anfangs in niedriger Höhe.

Ihr Helfer sollte die Stange von Beginn an zumindest mit festhalten. Wenn Ihr Hund ohne aufzusetzen schließlich mühelos die Höhe überquert, die er für einen Sprung über Ihren Kopf haben muss, nehmen Sie noch eine zweite Stange hinzu. Halten Sie nun beide Stangen parallel mit einem Abstand von etwa 40 bis 50 Zentimeter auf der richtigen Höhe, damit Ihr Hund lernt,

1 2

Erst lernt „Debbie", über die Stangen zu springen; im nächsten Schritt kauert sich Corina unter die Stangen. Nach und nach richtet sie sich auf – am Ende klappt der Freisprung.

nicht nur hoch genug, sondern auch weit genug zu springen. Erst wenn auch das sicher und garantiert ohne Aufsetzen auf den Stangen klappt, knien oder hocken Sie sich auf den Boden – erst mal ganz klein zusammengekauert. Ihr Helfer hält die beiden Stangen in der geplanten Sprunghöhe über Ihren Kopf und ermuntert Ihren Hund zum Sprung. Lassen Sie ihn unbedingt von hinten Ihren Kopf überqueren. Es sieht hübscher aus, wenn Sie später nach vorne gucken (ins Publikum) und Ihr Hund ebenfalls in diese Richtung (auf das Publikum zu) springt.

Wenn der Hund über Sie drübersegelt, haben Sie ein gutes Stück der Übung geschafft. Nun können Sie anfangen, sich unter den Stangen immer weiter aufzurichten und dabei die Arme seitwärts wegzustrecken.

Falls der Hund in dieser Phase des Trainings doch mal auf einer Stange aufsetzt und Ihnen diese dabei womöglich auf den Kopf schlägt, haben Sie hoffentlich den Ratschlag beherzigt, eine möglichst leichte Kunststoffstange statt eines dicken und schweren Eisenrohres zu verwenden. Wenn Ihr Hund nach einigem Üben jedes Mal ohne zu zögern über Sie hinwegsegelt, kommen die letzten beiden Schritte. Zunächst lässt Ihr Helfer die hintere Stange weg, also die, die Ihr Hund als Zweites überquert, und schließlich auch die andere Stange.

Sprungvarianten

Nach demselben Prinzip können Sie Ihrem Hund auch beibringen, durch Ihre gegrätschten Beine zu springen, während Sie auf dem Rücken liegen oder eine Kerze machen. Oder lassen Sie Ihren Hund über Ihren Rücken springen, während Sie auf allen vieren stehen. Die Stangen sind jeweils ein gutes Hilfsmittel, damit der Hund lernt nicht aufzusetzen.

Achten Sie beim Sprungtraining ganz besonders darauf, die Übungseinheiten sehr kurz zu machen. Hunde sind schnell erschöpft, wenn sie

3

4

immer und immer wieder springen sollen – nur lassen gerade die Sprungfreudigen sich das nicht unbedingt immer anmerken. Bei Erschöpfung steigt aber das Verletzungsrisiko stark an. Lernen kann ein müder Hund sowieso kaum noch.

Sprung durch die Arme

Die wohl gängigste Sprungvariante ist der Sprung durch die zum Reifen geformten Arme. Zu Beginn erleichtert ein Helfer auch hierbei das Training.

Fangen Sie wieder an einer Wand oder Hecke an. Hocken Sie sich hin, damit Sie einen Arm etwa waagerecht in Bodennähe halten können; dabei berühren die Fingerspritzen die Wand. Mit dem anderen Arm bilden Sie nun die obere Begrenzung, indem Sie ihn parallel zum unteren Arm halten und mit den Fingerspitzen ebenfalls die Wand berühren.

Ihr Helfer kann nun den Hund durch Ihre Arme locken – die Wand verhindert, dass Ihr Hund außen herum ausweicht. Wenn Sie einen sehr kleinen Hund haben, können Sie schon von Anfang an Ihre Arme zum Kreis formen, indem Sie die Hände ineinander verschränken. Trotzdem sollten Sie aber an einer Wand üben, um Ihrem Hund das Ausweichen zu erschweren.

Erst wenn der Hund ohne zu zögern durch Ihre Arme springt, sollten Sie anfangen, den unteren Arm – und den oberen natürlich entsprechend – langsam höher zu nehmen. Tasten Sie sich zentimeterweise nach oben. Hat Ihr Hund die richtige Sprunghöhe erreicht, sodass Sie aufrecht stehen können, anstatt zu hocken, schließen Sie nach und nach die Arme zu einem Kreis. Bewegen Sie sich am besten erst von der Wand weg, wenn Ihr Hund sicher in der richtigen Höhe durch Ihre Arme springt.

Eine Abwandlung des Sprungs durch die Arme ist der Sprung durch die Beine. Diese Variante ist nur für kleinere Vierbeiner geeignet.

Stellen Sie sich auf ein Bein – etwa auf das rechte. Nun stellen Sie die Sohle Ihres linken

1 

2 

Wie beim Sprung über die Arme üben Denise und „Lynn" für den Sprung durch die Arme zunächst an der Wand – erst mit einem, dann mit beiden Armen.

Schuhs an Ihren rechten Fußknöchel. Ein kleiner Hund kann durch diese Öffnung prima springen. Die einzelnen Übungsschritte sind dieselben wie beim Sprung durch die Arme.

Sprung in die Arme

Ein schönes Ende für eine Dogdance-Choreographie ist ein Sprung in Ihre Arme – natürlich nur, wenn Ihr Hund Sie nicht mit seinem Gewicht umwirft.

Üben Sie diesen Sprung am besten im Wohnzimmer in einem Sessel oder auf dem Sofa. Setzen Sie sich so hin, dass Sie sich ganz weit zurücklehnen können. Locken Sie Ihren Hund

Ein schönes Ende für eine Choreographie: Der Hund springt Marion in die Arme.

auf Ihren Schoß. Wenn das klappt, können Sie beginnen, sich weiter aufzurichten. Später können Sie dann vorsichtig in den Stand wechseln.

Sprung in die Luft

Schließlich können Sie Ihrem Hund noch einen puren Freudensprung vom Fleck weg nach oben beibringen. Ein solcher „Jump!“ sieht bei manchen Hund einfach witzig aus.

Das Training ist – einen sprungfreudigen Hund vorausgesetzt – recht einfach: Halten Sie etwas besonders Leckeres oder ein Lieblingsspielzeug mit gestrecktem Arm hoch in die Luft oder strekken Sie die Targetspitze so hoch, dass Ihr Hund sie selbst auf den Hinterbeinen stehend gerade nicht mehr erreichen kann.

Wenn Sie mit dem Clicker arbeiten, bestätigen Sie anfangs das Hochgucken, später das Hochrecken und Stehen auf den Hinterbeinen, schließlich das Springen.

Yippie! „Grappa“ springt senkrecht in die Luft, wenn Inka die Arme hochreißt.

Die meisten Hunde nehmen ihre Pfoten sehr schnell vom Boden hoch. Bei anderen hilft anfangs ein aufgestelltes Bein oder eine winzige Hürde, damit sie kapieren, dass sie springen sollen. Und noch eine Möglichkeit gibt es, den Luftsprung zu trainieren: Viele Hunde springen nahezu senkrecht nach oben, wenn sie einen springenden Ball oder eine Frisbee-Scheibe fangen wollen. Bestätigen Sie diese Sprünge einfach oft genug.

Bewegungen in alle Richtungen

Das Vorwärtslaufen muss Ihr Hund ja nicht mehr lernen, aber ein „dancing dog“ sollte sich auch rückwärts und seitwärts sowie kriechend fortbewegen können. Keine Angst, Ihr Hund soll nicht alles auf einmal lernen. Machen Sie regelmäßig Zerrspiele mit Ihrem Hund? Lassen Sie ihn dabei „Erfolg“ haben, also rückwärts zerrend an Boden gewinnen? Dann müssen Sie das Rückwärtslaufen ja nur noch bestätigen! Das ist tatsächlich schon eine von mehreren Möglichkeiten, wie Sie Ihrem Hund das Rückwärtsgehen beibringen können.

Rückwärtslaufen

Eine andere Möglichkeit ist, mit einem über Hundekopfhöhe gehaltenen Spielzeug oder Leckerli einen kleinen Schritt auf den Hund zu zu machen. Sobald er auch nur ein kleines bisschen nach hinten ausweicht: Bingo! Er hat sich das Spielzeug oder Futter verdient. Wenn Ihr Hund sich hinsetzt, war der Schritt, den Sie auf ihn zu gemacht haben, vielleicht schon zu groß. Probieren Sie es mit einem noch kleineren Schritt. Ansonsten versuchen Sie etwas anderes: Halten Sie das Leckerli oder Spielzeug zwischen den Vorderpfoten Ihres Hundes hindurch unter seinen Bauch. Jetzt weicht er nach hinten aus? Prima, dann hat er es eben auf diese Art gelernt. Das Rückwärtslaufen lernen Hunde auf sehr unterschiedlich Weise. Je besser Sie Ihren Hund schon kennen, desto leichter können Sie Ihre Methode entdecken.

Fest steht: Der erste Schritt rückwärts ist der schwerste, alle anderen sind leichter. Das heißt aber nicht, dass Sie schon meinen, Ihr Hund hätte begriffen, was das Rückwärtslaufen ist, nur weil er zuverlässig einen Ausweichschritt nach hinten macht. Gehen Sie – wie beim Fußlaufen – im wahrsten Sinne des Wortes schrittweise vor. Wenn Ihr Hund dann schon drei Schritte rückwärts sicher macht, solange Sie auf ihn zu gehen, folgen Sie ihm nur noch zwei Schritte weit und lassen Sie ihn den dritten Schritt alleine weiter nach hinten machen. Das Kommando für das Rückwärtslaufen sollten Sie – sofern Sie ohne Clicker arbeiten – schon von Anfang an immer dazusagen. Das heißt, dass Sie das Kommando bereits sagen, während Ihr Hund sich schon zurückbewegt. So lernt er: „Das, was du gerade tust, ist ‚Zurück!‘.“ Andere übliche Kommandos sind nur „Rück!“ und das englische „Back!“.

Mit dem Clicker lernt der Hund das Rückwärtslaufen, indem Sie – nach dem „Jetzt geht's los!“-Signal – Ihrem Hund sehr dicht an Ihrem Körper ein Leckerli geben. Nahezu alle Hunde werden anschließend zumindest ihr Gewicht ein wenig nach hinten verlagern: „Klick!“ und das nächste Leckerli, das sich Ihr Hund wieder ganz nah an Ihrem Körper abholen muss. Früher oder später wird Ihr Hund zufällig auch eine Vorder- oder Hinterpfote nach hinten setzen, um sich bequem hinzustellen. Wunderbar! Bald merkt Ihr Hund, was jetzt Sache ist: Er wird schließlich ganz bewusst ein Schrittchen nach hinten ma-

„Shadow" geht rückwärts, lässt aber Anke nicht aus den Augen.

chen, um zu testen, ob Sie klicken. Tun Sie's! Die ersten drei, vier Schritte rückwärts lernt der Hund beim Clickertraining in der Regel etwas langsamer als beim Training mit Futter oder Spielzeug. Das Clickertraining hat aber den Vorteil, dass Ihr Hund von Anfang an lernt, alleine rückwärts zu laufen. Wenn Sie sich später selbst rückwärts von Ihrem Hund entfernen wollen und er sich gleichzeitig in die entgegengesetzte Richtung von Ihnen weg bewegen soll, werden Sie es wahrscheinlich leichter haben, wenn Ihr Hund sich das Rückwärtslaufen selbst „erklickert" hat. Letztlich müssen Sie beim Training mit Futter oder Spielzeug aber nur konsequent genug die Hilfen abbauen, wenn das Rückwärtslaufen gut sitzen soll. Falls Sie den Target als Hilfsmittel schon nicht mehr missen wollen, können Sie Ihrem Hund das Rückwärtslaufen natürlich auch so zeigen.

Bewegen Sie die Spitze des Targets von der Hundenase aus ein wenig nach hinten über den Kopf Ihres Hundes hinweg.

Hier kommt schließlich noch ein letzter Vorschlag für die Übung „Rückwärtsgehen" – geeignet für alle Hunde, die immer zuerst an allen Türen sind. Gehen Sie mit Ihrem Hund auf eine geschlossene, nach innen öffnende Tür zu. Wenn Ihr Hund die Tür schon kennt, wird er – wie immer – wieder einen Schritt rückwärts machen, damit Sie sie öffnen können. Eigentlich sollen Hunde zwar nicht unbedingt so vorwitzig sein, dass sie immer schon mit der Nase an jeder Tür sind, bevor Sie ankommen, aber machen Sie sich diese verzeihliche Unart einfach zunutze. Bestätigen Sie den kleinen Schritt, den Ihr Hund jedes Mal wieder zurückgehen muss, um Ihnen Platz zu machen. So lernt Ihr Hund im Alltag ganz nebenbei.

1 2

So ist es perfekt: Beim Seitwärtsgehen kreuzen „Lynn“ und Denise die Beine gleichzeitig.

Wenn Ihr Hund das Rückwärtslaufen einmal verstanden hat, vergessen Sie nicht, diese Übung auch in der Fußposition zu trainieren. Es sieht sehr elegant aus, wenn Sie sich vor und zurück bewegen können und Ihr Hund Ihnen dabei bei Fuß folgt. Üben Sie das Rückwärtsfußlaufen möglichst nicht gleichzeitig mit dem Seitwärtslaufen, denn Letzteres lernt Ihr Hund am leichtesten aus der Fußposition heraus. Sie stiften nur Verwirrung statt Verknüpfungen im kleinen Hundehirn, wenn Sie rückwärts bei Fuß und seitwärts zur gleichen Zeit trainieren.

Seitwärtslaufen

Für das Seitwärtsgehen lassen Sie Ihren Hund möglichst neben Ihnen stehen. Bewegen Sie Ihren linken Fuß drei Zentimeter nach rechts. Dazu müssen Sie natürlich vorher mit leicht gegrätschten Beinen dastehen. Sie rücken den linken Fuß dann nur ein Stück an den rechten heran.

Wenn Ihr Hund versucht nachzurücken, belohnen Sie ihn. Bestärken Sie anfangs jede noch so kleine Bewegung in Ihre Richtung. Fangen Sie an, einen Zehn-Zentimeter-Schritt seitwärts zu machen. Sofern Ihr Hund immer wieder versucht, bei Fuß zu kommen, wird er mit dem Hintern nachrücken müssen. In genau diesem Moment müssen Sie klicken beziehungsweise Ihren Hund loben, wenn Sie lieber ohne einen Clicker trainieren. Versuchen Sie es als Nächstes mit mehreren kleinen Schritten. Achten Sie darauf, dass Ihr Hund sich ebenfalls seitlich bewegt, also die rechte Vorderpfote gleichzeitig mit der rechten Hinterpfote zur Seite setzt.

Erst wenn der Hund den neuen Bewegungsablauf in Zentimeterschritten beherrscht, sollten Sie anfangen, größere Schritte zu machen. Bei manchen Hunden dauert es sehr lange, bis sie sich seitwärts bewegen können; andere lernen es gar nicht. Das bedeutet nicht, dass Sie schnell aufgeben sollten beim Training. Freuen Sie sich lieber über den kleinsten Fortschritt umso mehr. Im Idealfall kreuzt ein Hund beim Seitwärtsgehen die Vorderpfoten sogar übereinander – genauso, wie Sie es tun.

Kriechen und Schleichen

Um es gleich vorwegzunehmen, auch das Kriechen lernt ein Hund Schritt für Schritt – wobei sein Bauch allerdings den Boden berühren soll. Und der erste Schritt, das erste Vorrobben, ist am schwersten. Legen Sie Ihren Hund ins Platz und halten Sie ein Leckerli oder Spielzeug auf den Boden direkt vor seine Nase, sodass er sich etwas strecken muss, um es zu erreichen. Versuchen Sie dann den Ball oder den Wurstzipfel ein Stückchen weiter weg zu ziehen, während Ihr Hund sich bereits danach streckt. Ihm wird kaum etwas anderes übrig bleiben, als etwas vorzurobben. Belohnen Sie ihn! Anschließend sollte er aufstehen dürfen und sich wieder neu hinlegen. Das macht es ihm leichter, seine Beine wieder zu „sortieren". Kriechen ist für die meisten Hunde eine sehr ungewohnte Bewegung, die einige Koordination verlangt.

Nachdem das erste Stückchen geschafft ist, heißt es: Langsam weiterüben! Sonst wird Ihr Hund mogeln und zumindest mit seinem Hinterteil hochkommen. Hunden mit sehr langen Beinen wird übrigens kaum etwas anderes möglich sein, als sich eher flach geduckt als tatsächlich kriechend vorwärts zu bewegen. Sie können auch wieder einen Target zu Hilfe nehmen, wenn Sie Ihrem Hund das Kriechen beibringen wollen. Das

1 2 3

„Lynn" soll kriechen: Sie hat gelernt, der Targetspitze aufmersam zu folgen – selbst wenn dabei ihre Nase im Gras verschwindet. Wenn Denise die Targetspitze von „Lynn" entfernt, muss sie sich strecken und schließlich kriechen.

Simone übt mit „Rocky" das Pfötchengeben auf einer Kiste.

hat den Vorteil, dass Sie selbst aufrecht stehen bleiben können, während Ihr Hund das Kriechen lernt. So verknüpft der Hund das Kriechen gar nicht erst damit, dass Sie sich bücken. Später können Sie Ihrem Hund – mit welcher Trainingsmethode auch immer – außerdem das Rückwärtskriechen beibringen oder das (An-) Schleichen, also ein geducktes Vorwärtslaufen.

Weitere Tricks

Wenn Ihr Hund bis zu dieser Stelle schon fleißig gelernt hat, können Sie mit den Drehungen und Wendungen, verschiedenen Sprüngen, dem Rückwärts- und Seitwärtsgehen sowie dem Kriechen bereits eine Menge Choreographien zusammenstellen. Bevor es aber darum gehen soll, fehlen noch ein paar Tricks, die Sie nach Lust und Laune ins Repertoire aufnehmen können. Die meisten der nun beschriebenen Übungen lassen sich sehr gut parallel etwa mit einer Drehung, einer Sprungvariante und vielleicht dem Rückwärtsgehen trainieren. Der Hund kann nämlich ohne weiteres verschiedene Dinge gleichzeitig lernen, aber allzu ähnlich sollten sie nicht sein.

Pfötchengeben

Wahrscheinlich kann Ihr Hund längst Pfötchen geben. Die meisten Welpen tun das schließlich regelmäßig, wenn sie etwas haben wollen. In der Regel reicht es, einige Male dieses Verhalten beim Welpen zu bestärken und schließlich mit einem Kommando zu verknüpfen. Vielleicht hat Ihr Hund das Pfötchengeben ja auch gerade eben erst gelernt – als erste Übung beim Clickertraining, so wie es im Kapitel „Der Anfang" bei den Trainingsmethoden beschrieben wurde. Ansonsten können Sie dort die Anleitung noch einmal nachlesen.

Wenn Ihr Hund dagegen schon ein Profi im „Guten Tag!"-Sagen mit immer derselben Pfote ist, wird es höchste Zeit, dass er lernt, auch die andere Pfote zu geben. Dazu brauchen Sie ein zweites Kommando. Wie wäre es mit „Pfötchen!" und „Die andere!", „Pfote!" und „Tatze!" oder mit „Links!" und „Rechts!" oder „Tip!" und „Tap!" oder „Bim!" und „Bam!"? Üben Sie die zweite Pfote erst, wenn Ihr Hund die erste bereits zuverlässig hochnimmt. Die Übungsschritte sind dann wieder dieselben.

Wenn Sie ohne Clicker arbeiten, lernt Ihr Hund das Pfötchengeben, indem Sie ein Futterstückchen in die Hand nehmen, sodass Ihr Hund es sieht, dann die Hand zur Faust ballen und die Faust vor den Hund auf den Boden legen. Vor allem wenn Sie einen kleineren Hund haben, sollten Sie überlegen, ob Sie das Pfötchengeben nicht

Inge und „Londka" beim spanischen Schritt.

lieber mit einem Stuhl oder gar dem Fernsehsessel trainieren sollten. Je höher der Hund sitzt, desto weniger tief müssen Sie sich bücken. Statt eines Leckerlis können Sie auch ein kleines Spielzeug nehmen. Ihr Hund wird an der Faust lecken und etwas später unwillig daran kratzen – schon ist die Pfote oben. Bestätigen Sie Ihren Hund mit dem Futter oder Spielzeug. Nach und nach können Sie Ihre geschlossene Hand immer ein Stükkchen höher vor den Hund halten.

Zuletzt müssen Sie die Hilfe wieder abbauen – in den üblichen Schritten: Erst bleibt die Faust leer, und das Futter kommt aus der anderen Hand; dann kommt das Futter aus der Tasche, schließlich aus der Box am Rand Ihrer Trainingsfläche. Das Kommando sollten Sie schon von Anfang an immer sagen, wenn Ihr Hund seine Pfote hochhebt. Zuletzt können Sie dann noch die Faust weglassen und sich aufrichten.

Spanischer Schritt

Die Übung „Gib Pfötchen!" lässt sich später vielfach abwandeln beziehungsweise ausbauen – auch zum so genannten spanischen Schritt, bei dem der Hund im Gehen die Vorderpfoten höher hebt als gewöhnlich. Dieses Stolzieren können Sie Ihrem Hund beibringen, indem Sie das Pfötchengeben im Wechsel und dann auch im Stehen trainieren. Als Hilfe können Sie jeweils ein Knie anheben: sofern Sie Ihrem Hund gegenüberstehen das rechte Knie, wenn Ihr Hund die linke Pfote heben soll, und das linke, wenn er seine rechte Pfote heben soll.

Der spanische Schritt sieht sehr schick aus, wenn der Hund sich vorwärts auf Sie zu bewegt, während Sie eventuell rückwärts gehen, aber auch in der Fußposition. Ebenfalls elegant sieht es aus, wenn Sie und Ihr Hund sich hintereinander im spanischen Schritt vorwärts bewegen.

Das „Winken" bietet sich ganz besonders am Ende einer Choreographie an. „Londka" beherrscht diese Übung bereits aus dem Effeff.

Winken und Abklatschen

Zwei andere Möglichkeiten, das Pfotengeben zu variieren, sind Winken und Abklatschen. Beim Winken soll Ihr Hund seine Pfote nicht nur kurz anheben, sondern ein- oder besser zweimal damit durch die Luft rudern, sodass es so aussieht, als ob er winkt. Wenn Ihr Hund das Pfötchengeben mit Ihrer Faust als Hilfsmittel gelernt hat, halten Sie ihm einfach die Faust wieder hin.

In dem Moment, in dem Ihr Hund seine Pfote anhebt, ziehen Sie die Faust gerade so weit vom Hund weg, dass er sie nicht mehr erreichen kann und seine Pfote ins Leere schlägt. Schon hat Ihr Hund das erste Mal gewunken! Viele Hunde heben die Pfote nach dem Fehlschlag sofort noch mal, um doch noch zu treffen. Bestätigen Sie auch dieses Verhalten, denn fast fertig ist das „Winke-winke!".

Ganz ähnlich können Sie Ihrem Hund auch das Abklatschen beibringen. Lassen Sie Ihren Hund dazu statt Ihrer Faust Ihre Handfläche berühren. Dabei halten Sie die Hand mit den Fingerspitzen nach oben – genau wie bei den Abklatschspielen für Kinder. Üben Sie das mit beiden Pfoten beziehungsweise Händen. Wenn Ihr Hund schließlich im Wechsel mit seiner rechte Pfote Ihre linke Hand abklatscht und mit seiner linken Pfote Ihre rechte Hand, müssen Sie zwischendurch nur noch in die Hände klatschen – dann sieht es tatsäch-

„Asta" ist groß genug. Bei einem kleineren Hund müsste Anke sich hinknien um abzuklatschen.

lich so aus wie das Spiel auf dem Schulhof. Eine andere Variante ist das Abklatschen mit beiden Pfoten gleichzeitig. Wenn Sie dabei Ihre Hände – nach den ersten Trainingsschritten – etwas höher halten, muss Ihr Hund sich auf die Hinterbeine stellen, damit er „abklatschen" kann.

Männchenmachen und „Kuckuck!"

Eigentlich ist auch das Männchenmachen nur eine Abwandlung des Pfötchengebens, denn es ist nichts anderes als beide Pfoten gleichzeitig geben. Das können Sie entweder klickern oder Ihrem Hund mit einem Spielzeug oder Leckerli beibringen. Allerdings sollte Ihr Hund einen gesunden Rücken haben. Sonst gehört das „Männchen!" nicht in die Dogdance-Trickkiste. Halten Sie das Futter, den Ball oder die Spitze des Targets einfach genau so weit über die Nase beziehungsweise den Kopf Ihres sitzenden Hundes, dass er nur drankommt, indem er sich nach oben reckt und dabei mit beiden Pfoten vom Boden abhebt. Wenn Ihr Hund sich gleich auf die Hinterbeine stellt, haben Sie Ihre Hand/den Target zu hoch gehalten. Belohnen Sie ihn anfangs auch dafür.

Für Hunde mit einem im Verhältnis zur Schulterhöhe langen Rücken ist das Männchenmachen nicht ganz einfach, denn es erfordert ein gutes Gleichgewichtsgefühl und viel Koordination.

Für das „Männchen!" muss Ihr Hund Muskeln benutzen, die er sonst kaum beansprucht. Deshalb dauert es in der Regel eine Weile, bis Hunde diesen Trick sicher beherrschen. Es kann durchaus vorkommen, dass „Waldi" beim Üben mal nach hinten überkippt und danach keine Lust mehr hat, sich für Sie zu verrenken. In diesem Fall kann es helfen, wenn Sie den Hund dicht vor einer Wand oder in einer Ecke sitzen lassen, die

„Asta" zeigt, dass auch Hunde mit einem langen Rücken Männchen machen können.

jegliches Umkippen nach hinten verhindert. Oder setzen Sie ihn mit seinem Rücken zu Ihren Beinen ab, sodass er sich daran anlehnen kann.

Machen Sie – wie bei den Sprüngen – nur sehr kurze Trainingseinheiten. Als Kommando für diesen possierlichen Trick bieten sich außer „(Mach) Männchen!", „Häschen!" oder „Hase!" auch „Pinguin!", „Juchhuh!" oder „Hände/Pfoten hoch!" an.

„Kuckuck!“

Aus dem Männchenmachen können Sie später die Übung „Kuckuck!“ ableiten. Halten Sie dazu Ihrem Hund einen Unterarm zum Abstützen hin und lassen Sie ihn an dem waagerecht vor dem Körper gehaltenen Arm Männchen machen. Wenn das klappt, ermuntern Sie Ihren Hund mit einem Leckerli oder dem Target, seinen Kopf zwischen seinen Vorderbeinen und unter Ihrem Arm durchzustecken: „Kuckuck!“ Bestärken Sie am Anfang schon das kleinste Kopfsenken. Wichtig ist erst mal, dass Ihr Hund seine Pfoten auf Ihrem Arm lässt. Nach jedem minimalen Ducken des Kopfes sollten Sie Ihrem Hund erlauben, kurz zurück ins „Sitz!“ zu gehen und danach von neuem anfangen. Mit der Zeit wird Ihr Hund seinen Kopf ganz unter Ihrem Arm „verstecken“. Statt eines Unterarms eignet sich als Stütze auch ein Requisit wie ein Stock oder Regenschirm.

„Schäm dich!“

Hunde schämen sich nicht, aber Sie können Ihrem Hund trotzdem beibringen, dass er sich auf das Kommando „Schäm dich!“ mit einer Pfote über den Kopf oder zumindest die Nase streichen soll. Das sieht wenigstens so aus, als ob er sich schämt. Üben Sie diesen Trick, wenn Ihr Hund liegt oder sitzt. Wie? Ganz einfach: Pusten Sie Ihrem Hund vorsichtig mitten ins Gesicht. Eine Knoblauchfahne hat sich bei manchen Hunden dabei als hilfreich erwiesen. Jedenfalls reagieren viele Hunde auf das Anpusten schon mit der gewünschten „Schäm dich!“-Bewegung. Sie müssen diese dann nur noch oft genug bestätigen. Falls Anpusten nicht zum Erfolg führt, nehmen Sie ein Stück Klebeband und kleben Sie es Ihrem Hund auf den Nasenrücken. Das versucht jeder Hund wieder loszuwerden! Falls er dabei gleich beide Pfoten benutzt, haben Sie allen Grund, sich doppelt zu freuen. Das Schämen sieht schließlich so viel echter aus. Wenn Sie dagegen ein Klebeband verwenden, das nicht ganz leicht wieder abgeht, sollten Sie sich schämen – und sich nicht wundern, wenn Ihr Hund künftig beim Anblick der Rolle mit dem Klebeband die Flucht ergreift.

Verbeugen

Ihr Hund „verbeugt" sich jedes Mal, wenn er Sie oder einen Artgenossen zum Spiel auffordert. Er duckt dann den Kopf bis zum Boden und streckt die Vorderpfoten nach vorne. Das sieht aus, als ob er vorne „Platz!" macht und hinten „Steh!" oder eben wie eine Verbeugung. Sie können diese Spielaufforderung einfach so oft wie möglich bestätigen. Es gibt noch eine ganz andere Alltagssituation, in der die meisten Hunde regelmäßig eine Verbeugung zeigen: nach jedem kleinen Nickerchen, wenn sie sich ausgiebig recken und strecken. Wenn Sie den richtigen Moment abpassen, einen, in dem der Kopf unten und der Hintern oben ist, können Sie diesen ebenfalls bestätigen.

Ansonsten lernt Ihr Hund eine Verbeugung entweder mit dem Clicker oder aber mit Futter beziehungsweise einem Spielzeug. Beim Clickertraining können Sie den Target mal wieder zu Hilfe nehmen, müssen es aber nicht. Klicken Sie anfangs für jedes minimale Senken oder Neigen des Kopfes oder jedes Strecken. Es ist günstig, wenn Sie Ihrem Hund die Belohnung nach jedem „Klick!" zumindest so weit weg werfen, dass er aufstehen muss, um es sich zu holen. Auch beim Training mit Futter/Spielzeug oder dem Target sollte der Hund möglichst stehen. Halten Sie ihm dann das Leckerli/Spielzeug oder die Targetspitze zwischen die Vorderpfoten, damit Ihr Hund den Kopf senkt. Na bitte! Klappt doch wunderbar! Oder legt Ihr Hund sich sofort hin? Dann halten Sie das Futter oder was auch immer etwas weiter nach hinten unter die Brust Ihres Hundes. Jetzt müssen Sie nur die Zehntelsekunde erwi-

1
2

Corina hilft „Debbie" mit einem Leckerli und der unter dem Bauch gehaltenen Hand sich zu verbeugen.

„Coco" möchte das unter dem Bein gehaltene Leckerli haben – dabei zeigt sie das gewünschte Verhalten: Sie verbeugt sich!

schen, in der Ihr Hund sich ein wenig nach hinten streckt, aber noch nicht hinlegt. Sie können zusätzlich Ihre Hand oder Ihren Arm unter den Bauch Ihres Hundes halten – aber bitte wirklich nur hinhalten und nicht den Hund nach oben drücken. Wenn unter seinem Bauch „etwas ist", legt er sich nicht so schnell hin.

Falls diese Hilfestellung Ihrem Hund unangenehm ist, versuchen Sie lieber eine ganz andere Methode. Setzen Sie sich auf den Boden und legen Sie dabei die Beine lang hin. Ihr Hund steht seitlich neben Ihnen. Wenn er rechts von Ihnen steht, heben Sie nun das rechte Knie ein wenig an. Halten Sie ein Leckerli/Spielzeug oder die Targetspitze mit der linken Hand von links unter dem jetzt leicht angewinkelten Bein hindurch, sodass der Hund seinen Kopf senken muss, um den Target zu berühren oder seine Belohnung zu ergattern. Machen Sie es Ihrem Hund schwer. Während er versucht, sich unter Ihrem Bein „durchzugraben", nimmt er nämlich fast unweigerlich genau die Position ein, die Sie haben wollen. Bestätigen Sie seine Haltung. Als Kommandos für die Verbeugung bieten sich an „Verbeug' dich!" oder die englische Entsprechung „Bow!" (sprich: bau), „Knicks!" oder „Applaus, bitte!".

Totstellen und Rolle

Aus dem „Platz!" heraus können Sie Ihrem Hund beibringen, zur Seite umzukippen – sich tot zu stellen – oder aber eine Rolle zu machen. Es kommt dabei eigentlich nur auf Ihre Geschicklichkeit an, denn Sie müssen ein Leckerli, Spielzeug oder den Target so führen, dass Ihrem Hund nichts anderes übrig bleibt, als auf die Seite zu rollen.

Führen Sie Ihre Hand oder die Targetspitze ganz langsam an der Nase Ihres liegenden Hundes und weiter seitlich am Kopf vorbei. Wenn Ihr Hund den Kopf zurückdreht, bewegen Sie Ihre

1

2

3

Maike bringt „Paddy" bei, eine Rolle zu machen. Dafür hält sie das Leckerli – während „Paddy" „Platz!" macht – so geschickt hinter „Paddys" Kopf, dass der Hund zur Seite kippt.

Eine gute Alternative zum Leckerli in der Hand: der Target!

Hand beziehungsweise den Target ungefähr dort, wo der Hals aufhört und die Brust Ihres Hundes beginnt, vorsichtig ein wenig nach oben. Wenn Ihr Hund versucht, seinen Kopf weiter zu drehen, wird er unweigerlich zur Seite fallen. Perfekt!

„Peng!"

„Gismo" hat gelernt, sich auf ein Handzeichen von Ute auf die Hinterbeine zu stellen.

Ann-Christin übt noch mit „Coco" das Stehen auf den Hinterbeinen – sie benutzt dafür den Target.

Stehen und Laufen auf den Hinterbeinen

Verlangen Sie von Ihrem Hund nicht, dass er das Stehen und Laufen auf den Hinterbeinen binnen Minuten lernt – die Menschen haben den aufrechten Gang schließlich auch nicht von heute auf morgen hinbekommen. Von sehr großen und schweren Hunden sollten Sie diese Übung eventuell lieber überhaupt nicht verlangen, denn sie belastet den Rücken und die Gelenke. Viele kleine Hunde bieten den „Tanzbären" dagegen oft sogar von sich aus an. Falls Ihr Hund, als er eigentlich das Männchenmachen lernen sollte, bereits auf den Hinterbeinen gestanden hat, brauchen Sie sich diesmal nicht zu ärgern, dass Sie das Futter, das Spielzeug oder den Target zu hoch gehalten haben.

Wie schon beim Männchenmachen gilt auch für das Stehen auf den Hinterbeinen: Üben Sie immer nur kurz! Je größer Ihr Hund ist, desto kürzer sollten die Trainingseinheiten sein. Passende Kommandos für das Stehen auf den Hinterbeinen sind „Hoch!" oder „High!", „Steig!", „Get up!" oder „Fury!". Sobald Ihr Hund sicher auf seinen Hinterbeinen stehen kann, können Sie ihm die erste Schritte vorwärts oder rückwärts abverlangen – einfach mit einem hoch gehaltenen Leckerli oder dem Target. Oder lassen Sie Ihren Hund sich auf den Hinterbeinen im Kreis drehen.

Noch mehr Tricks

Je mehr Routine Sie als Tricklehrmeister bekommen oder je besser Sie Ihren Hund kennen lernen, desto mehr Einfälle für neue Dogdance-Übungen werden Sie haben. Haben Sie beim Slalomlaufen schon mal daran gedacht, selbst rückwärts zu gehen, während Ihr Hund vorwärts durch Ihre Beine fädelt? Oder soll Ihr Hund auch gleich rückwärts den Slalom laufen? Die besten Ideen gedeihen meist dann, wenn beim Training etwas schief läuft, Sie aber versuchen, das Beste daraus zu machen. Benutzen Sie Ihre Phantasie, statt sich über Ihren Hund zu ärgern. Ein Beispiel: Ihr zumindest mittelgroßer Hund will sich beim Stehen auf den Hinterbeinen partout irgendwo abstützen. Bieten Sie ihm doch einfach Ihre Kehrseite an – schon können Sie mit Ihrem Hund eine Minipolonaise durch den Saal tanzen.

Zwei recht spektakulär aussehende Dogdance-Elemente sollen an dieser Stelle noch ein wenig ausführlicher erklärt werden. Es geht um die Übungen, die wohl am treffendsten mit „rückwärts einparken" beziehungsweise „rückwärts ausparken" zu beschreiben sind. Mit dem Einparktrick ist gemeint, dass der Hund von vorne auf Sie zu läuft und sich um 180 Grad dreht, um dann rückwärts durch Ihre Beine zu laufen und schließlich die Fußposition einzunehmen.

Der Ausparktrick funktioniert andersherum: Ihr Hund läuft aus der Fußposition rückwärts von hinten durch Ihre Beine, sodass er schließlich vor Ihnen steht und Sie anschaut (Frontposition). Wie schon beim Slalom ist es bei diesen beiden Übungen wichtig, dass Ihr Hund sich nicht unwohl fühlt, wenn Sie über ihm stehen beziehungsweise er unter Ihnen durchlaufen soll. Stellen Sie sich über Ihren sitzenden oder stehenden Hund, sodass seine Schultern genau zwischen Ihren Beinen sind. Wenn Sie das „Einparken!" üben wollen, guckt Ihr Hund dabei in dieselbe Richtung wie Sie. Für die Übung „Ausparken!" sitzt er verkehrt herum, das heißt, er schaut in Ihre entgegengesetzte Richtung. Wenn Sie Glück haben, bewegt Ihr Hund sich ohne Ihr Zutun rückwärts aus dieser Situation hinaus. Ansonsten müssen Sie Ihn mit einem Leckerli oder dem Target rückwärts nach hinten (fürs Einparken) beziehungsweise nach vorne (fürs Ausparken) bugsieren. Dass Sie diese beiden Tricks keinesfalls zur gleichen Zeit

1

2

3

Ines bringt „Cooper" das „Rückwärtseinparken" bei. Im ersten Schritt lernt „Cooper", rückwärts durch die Beine zu laufen. Dazu stellt Ines sich zuerst auf Höhe des Kopfes über „Cooper", damit er nur einen winzigen Schritt zurück machen muss. Ines beginnt die Übung dann immer ein Stückchen weiter hinten, sodass „Cooper" immer mehr Schritte rückwärts durch die Beine laufen muss.

1

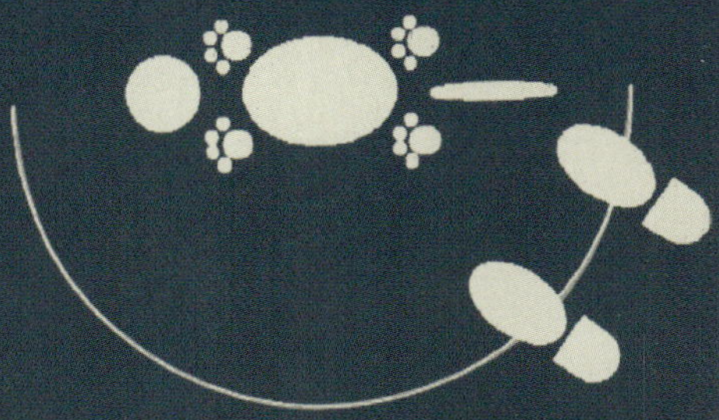

2

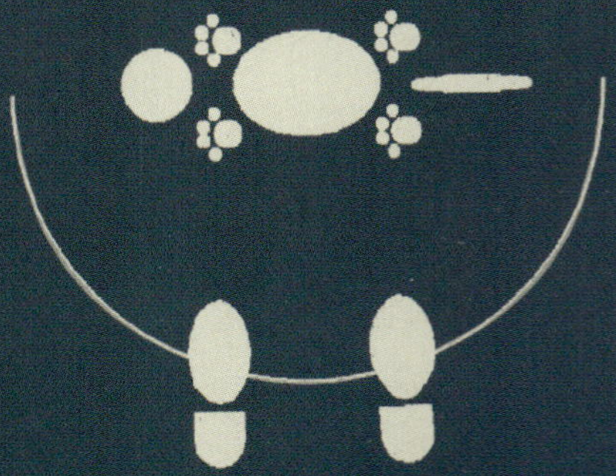

3

Zweiter Übungsschritt des Rückwärtseinparkens:
„Cooper" kann jetzt gerade rückwärts durch die Beine gehen. Damit er lernt, das auch dann zu tun, wenn Ines nicht mehr in gerader Linie hinter ihm steht, beginnt sie, ihre Ausgangsposition zentimeterweise zu verschieben. Sie verändert ihre Startposition auf einem gedachten Halbkreis. Mit jedem Stück muss sich „Cooper" mehr biegen, um rückwärts einzuparken.

beginnen sollten, versteht sich wohl von selbst. Wiederholen Sie diesen einen Rückwärtsschritt durch Ihre Beine immer und immer wieder. Fangen Sie dann an, sich statt auf Schulterhöhe des Hundes eher gen Hüfthöhe zu orientieren. Jetzt muss Ihr Hund schon zwei oder gar drei Schritte zurück machen, wenn er nicht mehr unter Ihnen stehen will. Wenn Ihr Hund nun nicht mehr rückwärts, sondern vorwärts unter Ihren Beinen hinausschlüpft, waren Sie zu schnell. Fangen Sie wieder auf Schulterhöhe Ihres Hundes an und machen Sie kleinere Schritte. Bald können Sie sich dann bei der Einparkübung hinter Ihren Hund stellen beziehungsweise bei der Ausparkübung vor ihn.

Sobald er jedes Mal sicher und ohne Zögern rückwärts durch Ihre Beine läuft, können Sie vorsichtig anfangen, die Biegung einzubauen, die Ihr Hund später für die komplette Übung braucht. Stellen Sie sich dazu nicht mehr in gerader Linie hinter oder vor Ihren Hund zu Übungsbeginn, sondern leicht schräg, um fünf Zentimeter seitlich versetzt. Jetzt muss Ihr Hund anfangen, sich zu biegen, um rückwärts ins Ziel zu gelangen – durch Ihre Beine zu laufen. Verändern Sie Ihre Ausgangsposition zentimeterweise weiter auf einem gedachten Halbkreis, bis Ihr Hund schließlich eine 180-Grad-Wendung machen muss, bevor er rückwärts zwischen Ihren Beinen durchlaufen kann. Herzlichen Glückwunsch!

Nun können Sie den Rückwärtsslalom in Angriff nehmen. Dazu muss Ihr Hund nur noch lernen, auch von Ihrer rechten Seite aus rückwärts „auszuparken“. Und statt die Beine nebeneinander zu stellen, machen Sie jeweils einen Schritt zurück. Aus der Frontposition lassen Sie Ihren Hund zwischendurch nur noch jeweils an Ihr hinten stehendes Bein heranrücken. Fertig! Es klingt schwieriger, als es letztendlich ist.

Dritter Schritt – fertig: Jetzt kann „Cooper“ rückwärts einparken: Er schaut Ines an und dreht sich einmal um sich selbst, um mit dem Hinterteil zuerst rückwärts durch die Beine von Ines zu gehen.

Teil 2

Die erste Choreographie und das Auftreten vor Publikum

Die Musik

Welche Musik ist geeignet?

Schon wenn der Hund noch das Fußlaufen und seine ersten Tricks lernt, sollten Sie anfangen, nach einer geeigneten Musik zu suchen. Generell gilt: Jede Musik bietet sich an für eine Dogdance-Choreographie. Pop- und Rocksongs, Schlager, fröhliche Kinderlieder, ein langsamer Walzer oder ein schneller Marsch, deutsche Welle oder italienisches Liebeslied, Gospels, Heavy Metal oder klassische Musik – allein Ihr Geschmack entscheidet. Das Musikstück, für das Sie sich entscheiden, müssen Sie sehr oft anhören. Bis Ihre erste Choreographie vorführungsreif ist, werden Sie mit jeder einzelnen Note Ihrer Musik per du sein. Deshalb ist es so wichtig, dass Ihnen die Musik gefällt.

Ein Aber gibt es doch: Bedenken Sie, dass die Geschmäcker verschieden sind. Laute Heavy-Metal- oder Techno-Musik mag wirklich nicht jeder, und „wenn bei Capri die rote Sonne im Meer versinkt“, schmilzt auch nicht jeder dahin.

Sollten Sie also eine Dogdance-Vorführung bei der nächsten Grillparty, Großmutters achtzigstem Geburtstag, beim Betriebsausflug oder bei einer Hundeausstellung planen, sorgt allein die Wahl eines Evergreens oder eines Stimmungsliedes bereits für ein gut gelauntes Publikum.

Vielleicht passt Ihr Lieblingslied nicht unbedingt zu Ihrem Hund. Bernhardinerbesitzer mit einer Vorliebe für schnellen Jazz sollten möglicherweise bei der Musikwahl auf etwas Langsameres ausweichen. Und das Stück, bei dem Sie in der Oper jedes Mal in Tränen ausbrechen, sollten Sie vielleicht auch gegen eine Alternative abwägen. Generell eignet sich – zumindest für den Anfang – ein Lied mit Höhepunkten und markanter Struktur besser als eine nur dahinplätschernde Musik. Schließlich suchen Sie keine unaufdringliche Hintergrundbeschallung.

Bei der Suche nach einem geeigneten Lied sollten Sie außer Ihrem Geschmack zuletzt noch eines nicht außer Acht lassen: das Thema der Musik. Eine Choreographie ist ein kleines Theaterstück – keine bloße Aneinanderreihung einzelner Elemente. Erzählen Sie eine Geschichte oder versuchen Sie es zumindest. Diese Geschichte kann zum Beispiel die Freundschaft zu Ihrem Hund sein. Passend dazu sollten Sie dann ein Liebeslied wählen. Andersherum können Sie aber auch zuerst ein Musikstück suchen und hinterher überlegen, welche Geschichte dazu passt. Eine Begegnung, ein Abschied, etwas verlieren und wiederfinden samt dem dazugehörigen Freudentänzchen ...

Es bleibt dabei: Jede Musik eignet sich fürs Dogdance – aber nicht alles passt auch zu jedem sechsbeinigen Gespann.

Tipp:
Suchen Sie sich ein Lied mit einem langsamen Intro aus. Dann geraten Sie nicht so leicht in Versuchung, Ihre schönsten Tricks gleich am Anfang zu zeigen, sondern können erst mal langsam beginnen und das Tempo später steigern.

Was passt zu wem?

„Aber was passt denn nun zu mir und meinem Hund?“, werden Sie sich anfangs ständig fragen. Leider gibt es kein Patentrezept für die Musikwahl. Das wäre sowieso langweilig. Gerade die Tatsache, dass eben nicht jedes Lied zu jedem Hund samt zweibeinigem Partner gleichermaßen passt, macht doch den Reiz des Dogdance aus. Sie müssen schon selbst ein Gespür für eine geeignete Musik entwickeln. Noch besser ist es allerdings, wenn Sie auch andere um Rat bitten. Spielen Sie Freunden oder Verwandten die Musikstücke vor, die Sie in Ihre engere Wahl genommen haben, und laufen Sie dabei mit Ihrem Hund bei Fuß – soweit das schon klappt – durch das Wohnzimmer oder über die Terrasse. Fragen Sie dann, was ihnen am besten gefällt und warum.

Wenn es schon kein Rezept gibt, so gibt es wenigstens ein paar Faustregeln für die Musikwahl. Für einen lustigen Hund – etwa einen kleinen oder mittelgroßen Wuschel mit angeborenem Hang zum Albernsein – sollten Sie unbedingt auch ein lustiges Lied aussuchen. Dann müssen Sie allerdings selbst genug natürlicher Fröhlichkeit mitbringen. Spielen Sie den Clown nur, wenn Sie Lust dazu haben, sonst wirken Sie schnell lächerlich. Es stimmt nicht, dass Sie unbedingt eine langsame Musik nehmen müssen, wenn Sie einen langsamen Hund haben. Für einen schnellen, eher hektischen Hund müssen Sie auch nicht immer ein schnelles Lied wählen. Das wirkt oft unharmonisch. Wenn Sie einen leicht hektischen Border Collie oder einen hitzköpfigen Terrier haben, sollten Sie sich vielmehr für ein Musikstück mit einem sehr klaren und gleichmäßigen Takt entscheiden. Denken Sie daran, dass Sie sich selbst im Takt der Musik bewegen müssen. Und je schneller und weniger strukturiert der Rhythmus ist, desto eher werden Sie selber hektisch. Einen guten Gesamteindruck werden Sie dann kaum hinterlassen.

Taktgefühl kann man lernen

Jetzt war schon so viel von Taktgefühl die Rede. Leider ist dieses nicht jedem in die Wiege gelegt worden. Es macht aber nichts, wenn Sie unmusikalisch sind. Taktgefühl kann jeder lernen. Üben Sie das aber lieber ohne Ihren Hund. Vielleicht kommen Sie sich blöd dabei vor, aber nutzen Sie möglichst jede Gelegenheit, um Ihr Taktgefühl zu trainieren. Klatschen Sie jeden Rhythmus mit, wo immer das geht, oder wippen Sie bewusst mit dem Fuß, wenn Sie Musik hören.

Gehen Sie mal wieder tanzen, singen Sie laut unter der Dusche, machen Sie beim Autofahren das Radio an und trommeln mit den Fingern im Takt auf das Lenkrad.

Sie brauchen beim Dogdance keine tieferen Kenntnisse über die Tonarten C-Dur und G-Moll, Bassnotenschlüssel oder Achttonmusik. Versuchen Sie beim Radiohören aber mal, die Instrumente zu erkennen. Lauschen Sie einer Gitarre oder einem Klavier? Kommt die Musik aus dem Synthesizer, oder ist sie ohne elektronische Verstärkung gespielt? Zählen Sie, wie viele Strophen ein Lied hat und wie oft der Refrain wiederholt wird. Versuchen Sie auch, den Takt rauszuhören. Handelt es sich um einen Viervierteltakt – das ist bei Popmusik meistens der Fall – oder einen Dreivierteltakt? Dazu müssen Sie einfach nur mitzählen. Wenn der Refrain beginnt, zählen Sie dazu probeweise immer wieder von eins bis vier den Takt mit. Wenn das überhaupt nicht passt, zählen Sie beim nächsten Refrain nur noch jeweils bis drei. Damit kommen Sie hin? Prima.

Wenn Ihnen das Mitzählen schwer fällt, probieren Sie, im Takt zu laufen – jeder Schritt ist ein Taktschlag. Hoffnungslose Fälle brauchen Hilfe. Gehen Sie in einen Biergarten. Beim Schunkeln werden Sie von den anderen Gästen im Takt gehalten. Vielleicht finden Sie im Keller ja auch das Metronom wieder, das Sie als Kind beim Klavierunterricht benutzen mussten. Klatschen Sie mit und zählen Sie: eins, zwei, drei, vier, eins, zwei, drei, vier ... Je öfter Sie üben, desto mehr Spaß werden Sie dabei haben. Wollten Sie nicht schon immer musikalischer sein?

Mit dem Hund im Takt der Musik

Swingt es inzwischen in Ihrem Alltag immer mehr, oder haben Sie den Blues bekommen? Es ist an der Zeit, wieder mit dem Hund zu trainieren – im Takt der Musik. Üben Sie das Fußlaufen zu verschiedenen Musikstücken. Sie gehen im Takt, Ihr Hund läuft mit. Das gilt auch für den Slalom: Sie setzen Ihre Füße im Takt der Musik auf, während sich Ihr Hund durch Ihre Beine fädelt. Stellen Sie zum Beispiel bei einem Vierertakt den rechten Fuß auf eins schräg nach rechts vorne, auf zwei setzen Sie den rechten Fuß vor

Denise geht in der richtigen Geschwindigkeit: „Lynn" schmeißt die Pfoten.

den linken, auf drei stellen Sie den linken Fuß schräg nach links vorne und auf vier schließlich setzen Sie den linken Fuß vor Ihren rechten.

Wenn Ihr Hund den Slalom durch Ihre Beine nicht so schnell laufen kann, wippen Sie jeweils nach jedem Schritt einmal mit dem Knie. Zum Beispiel: eins, rechten Fuß schräg nach rechts vorne, zwei, mit den rechten Knie einmal wippen, drei, rechten Fuß vor den linken setzen, vier, mit dem rechten Knie einmal wippen, im nächsten Takt dann dasselbe mit dem linken Bein. So hat Ihr Hund doppelt so lange Zeit für eine Slalomrunde, und Sie bleiben dennoch im Takt. Im Prinzip können Sie durch das Wippen mit den Knien zwischendurch jede Übung der Geschwindigkeit Ihres Hundes anpassen.

Dennoch sollte die Geschwindigkeit der Musik insgesamt auch zum Tempo des Hundes passen. Schließlich stehen nicht Ihre wippenden Tanzschritte im Mittelpunkt einer Choreographie, sondern die Bewegungen Ihres Hundes. Der Hund sollte sich federnd zur Musik bewegen können. Wenn Sie zu langsam oder zu schnell gehen, kann Ihr Hund nicht seinem natürlichen Bewegungsablauf folgen. Läuft der Hund dagegen genau „in seinem Takt" sieht das Fußlaufen flüssig und unbeschwert aus. Im besten Fall schmeißt er dann sogar die Vorderfüße ein wenig höher, sodass sein Gang wie der Trab eines Pferdes aussieht. Um die optimale Bewegungsgeschwindigkeit Ihres Hunde herauszufinden, müssen Sie viel probieren. Generell gilt: Versuchen Sie es eher mal etwas zügiger. Die meisten neigen dazu, zu langsam zu gehen; ein schnellerer Schritt zu einem entsprechend schnelleren Lied wirkt meist müheloser.

Je kürzer die Beine Ihres Hundes sind, desto schneller ist seine Schrittfrequenz. Er trippelt stärker und braucht daher ein schnelleres Musikstück. Das heißt im Umkehrschluss aber nicht, dass große Hunde mit langen Beinen immer langsame Musik benötigen. Versuchen Sie mit Ihrem Hund im Takt der Musik verschiedene Tempi zu laufen. Versuchen Sie in einem schnellen Viertakt mal vier Schritte pro Takt zu machen, dann mal nur zwei – einen auf jeden zweiten Taktschlag. Zu einem langsamen Lied probieren Sie entweder vier oder acht Schritte pro Viervierteltakt zu setzen.

Bauen Sie Wendungen ein, und üben Sie auch das Rückwärts- und das Seitwärtsgehen im Takt. Lassen Sie Ihren Hund im Wechsel rechts und links Pfoten geben – auch im Takt natürlich. Testen Sie einfach alle Tricks, die Ihr Hund schon beherrscht, während die Musik spielt.

Auswahl eines Musikstücks

Nun kommt langsam die Stunde der Entscheidung. Wählen Sie Ihr Lied für Ihre erste Choreographie.

Wenn Sie rechtzeitig mit der Suche begonnen haben, sind Sie inzwischen sicher fündig geworden – auch wenn Sie zwischendurch vieles verwerfen mussten, weil Sie zwar das Fußlaufen mit Ihrem Hund wunderbar, den Slalom aber so gar nicht im Takt dazu hinbekommen haben oder weil Ihnen der Song nach dem zwanzigsten Anhören doch plötzlich nicht mehr gefiel ...

Falls Sie sich für einen aktuellen Popsong entscheiden, bedenken Sie, dass es mitunter noch einige Monate, aber zumindest Wochen dauert, bis Sie Ihre Choreographie präsentieren können. In den Charts ist dann längst andere Musik angesagt. Das Lied, das im Sommer wochenlang auf Platz eins in allen Hitlisten stand, möchten viele schon im folgenden Winter nicht mehr hören. Erwägen Sie deshalb unter Umständen, statt der Radioversion die in der Regel zeitlosere Instrumentalversion als Musik für Ihre Choreographie zu nehmen.

Jedes Dogdance-Lied muss eine bestimmte Länge haben. Das erste sollte kurz sein – am besten nur eine halbe Minute lang, allerhöchstens eine. Das mag einem vielleicht zu kurz vorkommen, aber beim Üben werden Sie schnell merken, dass 30 Sekunden auch sehr lang werden können. Selbst wenn Sie Ihre erste Choreographie vorführen wollen, muss sie nicht länger dauern. Das Publikum wird sich über eine kurzweilige Präsentation mit freudiger Fußarbeit und drei oder vier gelungenen Tricks mehr freuen als über drei Minuten, in denen dieselben Übungen mehrmals wiederholt werden und am Ende vielleicht nicht einmal mehr klappen. Das Musikstück für die zweite Choreographie darf eventuell schon bis zu zwei Minuten dauern. Aber die Dauer ist wirklich nicht entscheidend! Falls Sie bei Wettkämpfen starten wollen, müssen Sie die Länge des Liedes dem jeweiligen Reglement entsprechend wählen.

Für das Training brauchen Sie die Musik Ihrer Wahl am besten auf einer CD. Eventuell können Sie sie sogar mit einem Musikbearbeitungsprogramm auf dem Computer zurechtschneiden. Die wenigsten Lieder dauern schließlich nur die 30 bis 60 Sekunden, die Sie am Anfang benötigen. Es gibt bestimmt eine Stelle in Ihrem Stück, an der Sie die Musik gut ausblenden können. Oder gibt es eine markante Stelle, die ein passender Höhepunkt für die erste Choreographie ist? Dann machen Sie dort einen Schnitt. Sie können auch in der Liedmitte ein oder zwei Strophen herausschneiden, wenn Sie das Ende der Musik unbedingt haben wollen. Sofern Sie keinen CD-Spieler mit Wiederholungsfunktion haben, brennen Sie Ihr zurechtgebasteltes Lied am besten gleich zehnmal hintereinander auf eine CD.

Checkliste für die Musikauswahl:
- Welche Musik gefällt mir?
- Passt mein Lieblingslied auch zu meinem Hund?
- Stimmt die Geschwindigkeit der Musik?
- Kann ich zu diesem Lied eine Geschichte erzählen?
- Welchen Ausschnitt des Musikstückes will ich nehmen?

Verschiedene Lieder kombinieren

Genauso gut, wie Sie sich ein Lied am Computer zurechtschneiden können, können Sie auch mehrere Lieder zusammenschneiden. Das hat den Vorteil, dass Sie nicht das eine Musikstück finden müssen, in dem all das drin ist, was Sie haben wollen. Sie suchen einen langsamen Einstieg zu einem schnellen Stück? Oder haben Sie schon einen flotten Beginn im Sinn, wünschen sich danach aber eine ruhigere Phase, damit Sie am Ende noch mal durchstarten können bis zum Höhepunkt Ihrer Choreographie? Kombinieren Sie lieber zwei oder sogar drei verschiedene Lieder, anstatt die langsamen Übungen zu einer zu schnellen Musik zu präsentieren.

Verschiedene Musikstücke zu einem neuen zusammenzustellen hat außerdem den Vorteil, dass Sie auch unterschiedliche Richtungen und Musikstile kombinieren können. Zu wild sollte es zwar nicht durcheinander gehen, denn Sie wollen ja eine zusammenhängende Choreographie gestalten, aber wenn die Mischung stimmt, steht einem selbst gemixten Medley nichts im Weg.

Halbwegs professionell sollte der Schnitt allerdings sein, aber mit einem Computer samt entsprechendem Programm klappt das sicher. Übrigens haben viele Interpreten auf ihren Alben fertige Medleys. Hören Sie doch einfach mal rein.

Musik „auszählen"

Nachdem die Entscheidung endgültig gefallen ist und Sie Ihre Musik passend zurechtgeschnitten auf einer CD haben, gibt es nur noch eins: Hören, hören und immer wieder hören. Sofern Sie viel mit dem Auto fahren und dort einen CD-Spieler haben, können Sie diese Zeit ja jetzt sinnvoll nutzen. Eine gute Möglichkeit, ein Lied – ohne Notenlinien – visuell darzustellen, ist das „Auszählen" der Musik. Das ist vielleicht nicht jedermanns Sache, erfordert aber keine fundierten Musikkenntnisse.

Daher sollten Sie sich zumindest einmal überwinden und den Versuch machen.

Ann-Christin zählt „Wilmas“ Lied aus.

Sofern Sie ein Musikstück mit Gesang gewählt haben, besorgen Sie sich möglichst den Liedtext. Sie finden ihn bestimmt im Internet. Dann stellen Sie die Musik an und markieren mit einem Stift im Text die Takte. Ob Sie jeweils bis drei (im Dreivierteltakt) oder bis vier (im Viervierteltakt) zählen oder Schritte gehen müssen, haben Sie ja sicher längst herausgefunden.

Jeder Schritt ist ein Taktschlag. Machen Sie am besten nach jeweils zwei Takten – in der Regel also nach acht Schritten – einen Strich aufs Papier. Das ist übersichtlicher als nach jedem Takt. Das war schon der erste Schritt.

Allerdings wissen Sie jetzt noch nicht, wie viele Takte Ihr Musikstück insgesamt hat, denn es gibt sicher noch ein paar Stellen, an denen nicht gesungen wird.

Zählen Sie deshalb im nächsten Schritt alle Takte – von der ersten Note an. Der Wham-Klassiker „Wake me up before you go go“ beginnt zum Beispiel mit einem Intro aus vier Takten. Wie die meisten Popsongs hat auch dieses Lied einen Viervierteltakt. Danach folgen die erste Strophe (acht Takte) und der Refrain (zehn Takte), dann die zweite Strophe und wieder der Refrain. Dann kommen ein kurzer Instrumentalteil (vier Takte), vier gesungene Takte und wieder der Instrumentalteil. Danach folgt noch zweimal der Refrain. Der ganze Song besteht also aus 72 Takten mit jeweils vier Schlägen.

Wake Me Up Before You Go Go

Jitterbug (4)*
Jitterbug (4)
Jitterbug (4)
Jitterbug (4)
You put the boom boom into my heart (4)
You send my soul sky high when your loving starts (4)
Jitterbug into my brain (4)
Goes a bang bang bang till my feet do the same (4)
If something´s bugging you (2)
If something ain´t right (2)
My best friend told me what you did last night (4)
Left me sleeping in my bed (4)
I was dreaming but I should have been with you instead (4)

Wake me up before you go-go (4)
Don´t leave me hanging on like a yo-yo (4)
Wake me up before you go-go (4)
I don´t want to miss it when you hit that high (4)
Wake me up before you go-go (4)
´Cause I´m not planning on going solo (4)
Wake me up before you go-go (4)
Take me dancing tonight (4)
I wanna hit that high (8)

You put the grey skies out of my way (4)
You make the sun shine brighter than Doris Day (4)
You turn a bright spark into a flame (4)
My beats per minute never been the same (4)
´Cause you´re my lady I´m a your fool (4)
It makes me crazy when you act so cruel (4)
Come on baby lets not fight (4)
We´ll go dancing everything will be alright (4)

** Zahlen in Klammern = Zahl der Schritte*

Wake me up before you go-go (4)
Don´t leave me hanging on like a yo-yo (4)
Wake me up before you go-go (4)
I don´t want to miss it when you hit that high (4)
Wake me up before you go-go (4)
´Cause I´m not planning on going solo (4)
Wake me up before you go-go (4)
Take me dancing tonight (4)
I wanna hit that high (8)

Instrumentalteil mit jeweils zwei mal acht Schritten, 4 Takten

Cuddle up baby move in tight (4)
We´ll go dancing tomorrow night (4)
It´s cold out there but its warm in bed (4)
They can dance, we´ll stay home instead (4)

Instrumentalteil mit jeweils zwei mal acht Schritten, 4 Takten

Wake me up before you go-go (4)
Don´t leave me hanging on like a yo-yo (4)
Wake me up before you go-go (4)
I don´t want to miss it when you hit that high (4)
Wake me up before you go-go (4)
´Cause I´m not planning on going solo (4)
Wake me up before you go-go (4)
Take me dancing tonight (4)
I wanna hit that high (8)

Wake me up before you go-go (4)
Don´t leave me hanging on like a yo-yo (4)
Wake me up before you go-go (4)
I don´t want to miss it when you hit that high (4)
Wake me up before you go-go (4)
´Cause I´m not planning on going solo (4)
Wake me up before you go-go (4)
Take me dancing tonight (4)
I wanna hit that high (8)

Musik „auszählen" heißt nichts anderes als senkrechte Striche aufs Papier malen – immer einen für zwei Takte. Wenn man die Striche dann noch sinnvoll gruppiert und auffällige Stellen kennzeichnet, ist die Struktur des Liedes lesbar. So sieht zum Beispiel der Wham-Song „Wake me up before you go go" (Vierteltakt) aus:

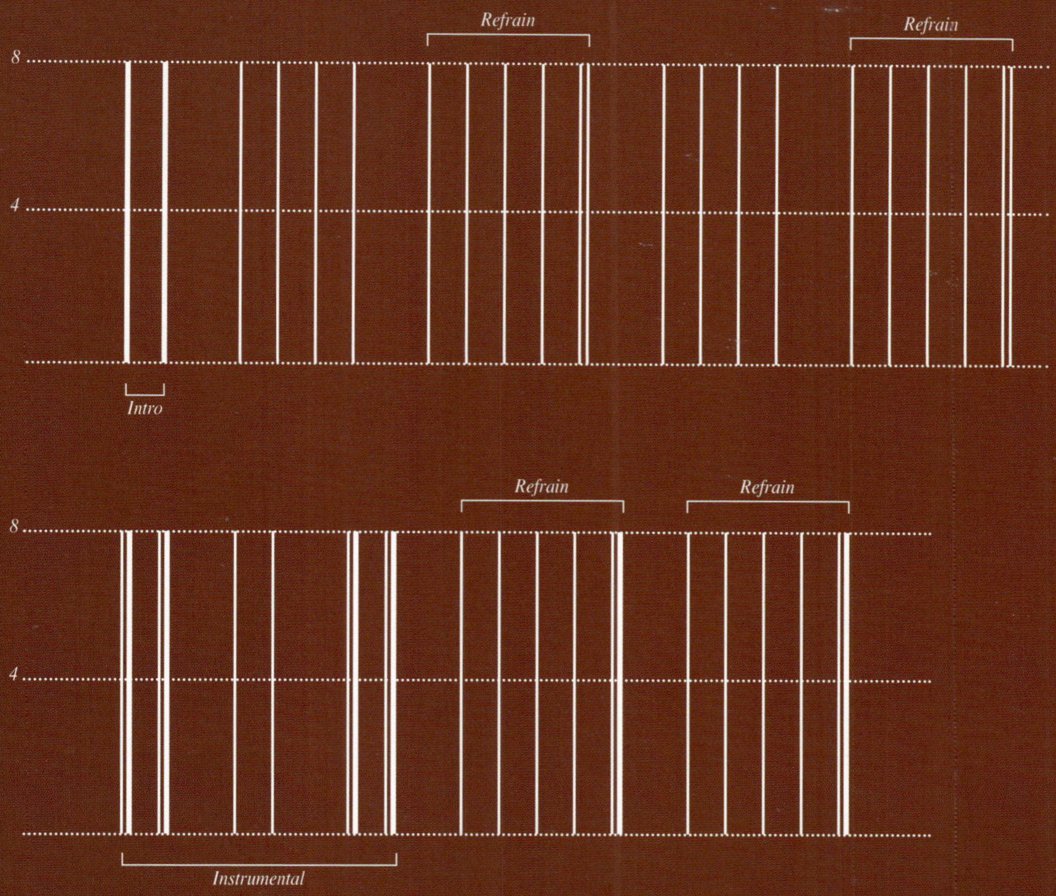

Sie werden sich Ihr Lied mit Sicherheit einige Male anhören müssen, bis Sie alle Takte gezählt haben. Machen Sie auf einem Blatt Papier für jeweils zwei Takte einen senkrechten Strich. Für die nächsten zwei Takte machen Sie den nächsten Strich rechts neben den ersten und so weiter. Gruppieren Sie die Striche, indem Sie zwischen Strophen, Instrumentalteilen und Refrain jeweils eine kleine Lücke lassen. Wenn Sie jetzt noch gleiche Teile jeweils gleich kennzeichnen, etwa die Striche eines Instrumentalteiles mit Schlangenlinien versehen oder Paukenschläge mit Kreuzen und langsame Stellen schraffieren, haben Sie auf Ihrem Blatt Papier schließlich die Struktur des „ausgezählten" Musikstückes.

Nun, da Sie ein Lied zu Papier bringen können, können Sie später auch noch Ihre Choreographie dazumalen.

Die Choreographie

Kombination der einzelnen Elemente

Wenn Ihr Hund nun schwanzwedelnd bei Fuß läuft und allerlei oder wenigstens ein paar Tricks gelernt hat, ist es allerhöchste Zeit, die verschiedenen Elemente miteinander zu kombinieren. Vielleicht haben Sie bereits fleißig den im dritten Kapitel beschriebenen „weave turn" oder den „twist turn" geübt. Sie können kaum früh genug mit dem Verknüpfen einzelner Kunststücke und dem Fußlaufen beginnen – so macht das Training mehr Spaß, weil es immer neue Möglichkeiten gibt. Außerdem lernt Ihr Hund so von Anfang an, etwas längere Zeit am Stück zu arbeiten, statt nur mal eben Pfötchen zu geben und nach einer kleinen Pause sich einmal im Kreis herumzudrehen.

Schwierigen Kunststücken folgt ein einfaches

Für das Kombinieren gilt genauso wie für das Erfinden neuer Tricks, dass Ihre Phantasie die Grenzen setzt – und die Physis Ihres Hundes, denn einen dreifachen Salto mit anschließender Rolle rückwärts wird er niemals hinbekommen. Bauen Sie beim Zusammenfügen einzelner Dog-dance-Elemente immer wieder einfache Stellen für den Hund ein.

Es macht wenig Sinn, die drei Übungen, die Ihr Hund eben erst gelernt hat, hintereinander weg zu versuchen. Das schafft eher Frust als Lust. Fangen Sie lieber damit an, drei Tricks in das Fußlaufen so einzubauen, dass nach einem Trick eine kurze Fußlaufphase kommt und dann erst der nächste Trick und so weiter. Auch ein kurzes Abliegen zwischendurch verschafft Ihnen und dem Hund ein bisschen Zeit für das nächste schwierige Kunststück.

Wechseln Sie möglichst einfache beziehungsweise sicher sitzende Tricks mit schwierigeren beziehungsweise neueren ab.

Ein Beispiel: Ihr Hund hat zuletzt das Seitwärtsgehen und das „Rückwärtsausparken" gelernt. Dagegen beherrscht er das Rückwärtslaufen sehr sicher. Nun sollten Sie nicht gleich versuchen, Ihren Hund aus dem Seitwärtslaufen bei Fuß rückwärts „ausparken" zu lassen und ihm danach das Kommando für das Rückwärtslaufen zu geben.

Besser wäre, den Hund aus der Fußposition heraus rückwärts „ausparken" und gleich danach rückwärts laufen zu lassen. Sie folgen ihm vorwärts und wechseln dann erst in das Seitwärtslaufen.

Bei dieser Variante würde Ihr Hund allerdings nicht in der Fußposition, sondern Ihnen gegenüber in der Frontposition seitwärts laufen. Wenn er das noch nicht kann, machen Sie erst eine halbe Drehung zu Ihrem Hund hin und fangen dann aus der Fußposition heraus mit dem Seitwärtslaufen an.

Die richtige Ausgangsposition

Sie merken schon, dass Sie gar nicht beliebig jeden Trick mit jedem verknüpfen können, denn Ihr Hund muss sich schließlich jeweils in der richtigen Ausgangsposition befinden.

Aus der Frontposition kann er beispielsweise nicht rückwärts „ausparken", sondern nur „einparken". Wenn Ihr Hund in der Fußposition nicht rückwärts geht, müssen Sie aus dem Fußlaufen heraus erst einen Übergang zum Rückwärtslaufen schaffen.

Dieser Übergang könnte das „Rückwärtsausparken" sein oder auch nur eine halbe Drehung von Ihnen gegen den Uhrzeigersinn. Dann liefe Ihr Hund erst vorwärts bei Fuß, Sie drehen sich um 180 Grad nach links und stehen dadurch Ihrem Hund gegenüber, sodass er nun rückwärt zurück auf der gedachten Linie laufen kann, die er zuvor vorwärts gegangen ist.

Aus dem Fußlaufen heraus können Sie den Hund auch nicht über Ihre Arme springen lassen, denn dazu braucht er ein bisschen Anlauf. Sie könnten aber beim Fußlaufen „Platz!", „Sitz!", „Steh!" oder auch „Bautz!" (fürs Auf-die-Seite-Legen) sagen, dann ohne den Hund ein paar Schritte weitergehen, sich hinknien und dann das Kommando für das Springen über die Arme geben.

Für den Sprung über den Kopf müssen Sie eine noch größere Anlaufstrecke einbauen; zudem muss Ihr Hund hinter Ihnen sein und das Publikum vor Ihnen, sodass Ihr Hund auf die Zuschauer zu springt, während Sie ins Publikum lächeln.

Eine gute Möglichkeit, um Abstand zum Hund zu gewinnen, ist das Rückwärts-voneinander-weg-Gehen.

Dabei läuft nicht nur Ihr Hund rückwärts, sondern Sie bewegen sich ebenfalls rückwärts – in die entgegengesetzte Richtung. Das ist eher etwas für fortgeschrittene Dogdancer, weil der Hund sehr sicher rückwärts laufen können muss.

Ähnliches nicht kombinieren
Beim Kombinieren der einzelnen Elemente sollten Sie eher anstreben, unterschiedliche Kunststücke aufeinander folgen zu lassen statt ähnliche.

So sollten Sie, nachdem Ihr Hund zwei, drei Runden um Sie gedreht hat und dabei über Ihre Arme gesprungen ist, nicht als Nächstes den Sprung über den Kopf einplanen, denn das wären ja gleich zwei Highlights auf einmal.

Auch der spanische Schritt wirkt viel weniger spektakulär, wenn sie ihn direkt aus dem abwechselnden Pfötchengeben im „Sitz!" heraus beginnen. Und ein „Bautz!" oder „Totstellen!" sieht direkt im Anschluss an eine Rolle sogar aus, als ob das Kunststück „Rolle!" beim zweiten Mal nur schief gegangen ist.

Beispiele für kurze Sequenzen

Nachdem Sie nun vor allem wissen, welche Elemente nicht zusammenpassen, sind hier ein paar Vorschläge, wie Sie anfangen könnten.

Beispiel 1
Gehen Sie los. Ihr Hund läuft bei Fuß. Machen Sie dabei möglichst Musik an, auch wenn Sie noch kein Lied für eine Choreographie „ausgezählt" haben. Lassen Sie den Hund Drehungen machen, ohne dass Sie dabei stehen bleiben. Wenn Ihr Hund links bei Fuß läuft, dreht er sich linksherum, also gegen den Uhrzeigersinn im Kreis.

Üben Sie Drehungen rechtsherum, während er auf Ihrer rechten Seite Fuß läuft. Versuchen Sie auch mal, sich gleichzeitig mit Ihrem Hund im

Alja und „Elvis" zeigen den „roll change".

1

2

Kreis zu drehen. Entweder drehen Sie sich jeweils in derselben Richtung wie Ihr Hund oder in der entgegengesetzten – ganz wie es Ihnen gefällt.

Tipp:
Damit Ihnen beim Drehen nicht schwindelig wird, fixieren Sie in einiger Entfernung einen Punkt. Schauen Sie diesen Punkt an, solange es geht, während Sie bereits anfangen, mit den Füßen zur Drehung anzusetzen. Dann drehen Sie den Kopf blitzschnell herum, um den Punkt nur so kurz wie möglich aus den Augen zu lassen. Dadurch, dass Sie nach der Drehung denselben Punkt wieder anschauen, bleibt das Schwindelgefühl aus.

Wichtig ist nur, dass Ihr Fixpunkt in mindestens drei Metern Entfernung liegt und möglichst klein ist.

Beispiel 2

Lassen Sie Ihren Hund auf Ihrer linken Seite bei Fuß laufen, legen Sie ihn im Gehen ins „Platz!" und lassen ihn gleich darauf eine Rolle machen. Ihr Hund rollt doch über seine rechte Schulter, oder?

Sonst müssen Sie diese Übung andersherum machen. Sie gehen jedenfalls weiter, während Ihr Hund rollt.

Anfangs dürfen Sie natürlich auch stehen bleiben, um die Übung für Ihrem Hund leichter zu machen. Gehen Sie dann erst wieder los, wenn Ihr Hund sich bereits rollt.

Anschließend läuft er auf der anderen Seite wieder bei Fuß.

Ihr Hund hat also beim Fußlaufen die Seiten hinter Ihrem Rücken gewechselt und dabei gleich eine Rolle gemacht.

Fertig ist der „roll change".

3

4

Bei der Übung „Viereck" macht der Hund zweimal den „Weave turn" und zweimal den „Twist turn". Der Laufweg des Hundes sieht dann so aus:

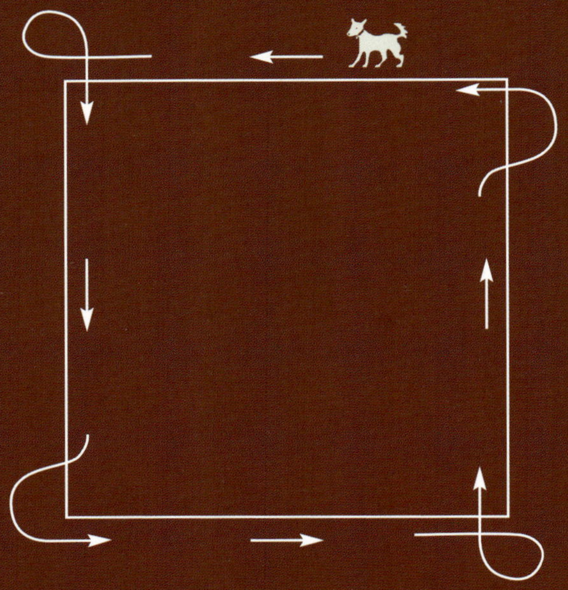

Beispiel 3

Gehen Sie ein Viereck. Ihr Hund soll dabei zweimal den „weave turn" machen und zweimal den „twist turn". So geht's: Laufen Sie sechs Schritte vorwärts, der Hund läuft anfangs links bei Fuß. Dann machen Sie einen „weave turn", der möglichst genauso lange dauern soll, wie zwei Schritte geradeaus gedauert hätten. Zu einer Musik im Vierviertelktakt bräuchten Sie auf diese Weise zwei Takte für die erste Gerade des Vierecks samt der Vierteldrehung am Ende nach links. Ihr Hund läuft nun auf Ihrer rechten Seite, Sie gehen wieder sechs Schritte geradeaus, dann kommt ein „twist turn", während Sie im Kopf „sieben, acht" weiterzählen. Nun haben Sie die zweite Gerade geschafft, wieder mit einer Linkswendung. Diesmal hat Ihr Hund dabei von Ihrer rechten zurück auf Ihre linke Seite gewechselt. Jetzt gehen Sie wieder sechs Schritte, „weave turn", noch mal sechs Schritte und zum Abschluss des Vierecks noch einen „twist turn" – geschafft!

Die Viereckübung ist praktisch, weil sie recht einfach ist, elegant aussieht – und eine gute Raumaufteilung ermöglicht. Eine Choreographie, bei der Sie sich mit Ihrem Hund nur vor und zurück auf einer Linie bewegen, macht weniger her. Sie können das Viereck daher gut als Basis für eine Choreographie nehmen. Durchqueren Sie dann noch die beiden Diagonalen – dabei könnte Ihr Hund zum Beispiel Slalom durch Ihre Beine laufen – schon fertig!

Beispiel 4

Ihr Hund sitzt in der Frontposition und hebt abwechselnd die rechte und die linke Pfote, insgesamt vier- oder achtmal, damit es zu einem Vierviertelktakt passt. Dann gehen Sie rückwärts los, dabei soll Ihr Hund Ihnen vorwärts laufend folgen.

Nach acht oder zwölf Schritten beziehungsweise zwei oder drei Takten gehen Sie vorwärts, und Ihr Hund läuft rückwärts. Schließlich lassen Sie ihn noch rückwärts „einparken", sodass er am Ende in der Fußposition sitzt (oder steht).

Beispiel 5

Üben Sie den „weave turn" nicht nur als Vierteldrehung, sondern als halbe Drehung: Gehen Sie mit Ihrem Hund links bei Fuß los – im Takt einer beliebigen Musik. Machen Sie einen „weave turn" um 180 Grad. Ihr Hund läuft dabei um Ihr rechtes Bein und anschließend rechts bei Fuß weiter. Machen Sie wieder einen „weave turn" um 180 Grad. Diesmal läuft Ihr Hund um Ihr linkes Bein und danach auf Ihrer linken Seite bei Fuß. Diese Übung eignet sich hervorragend zum Aufwärmen und kann zudem im kleinsten Wohnzimmer trainiert werden. Sie bewegen sich dabei auf einer gedachten Linie hin und her. Wie viele Schritte Sie jeweils in jeder Richtung gehen, bleibt Ihnen überlassen. Mit dieser Übung können Sie gut testen, ob ein Musikstück für Sie und Ihren Hund geeignet ist.

Beispiel 6

Kombinieren Sie Kreise um eines Ihrer Beine mit Kreisen um Ihre geschlossenen Beine. Beginnen Sie mit dem Hund in der Fußposition. Setzen Sie Ihr rechtes Bein ein Stück nach rechts, sodass Sie mit leicht gegrätschten Beinen dastehen. Lassen Sie Ihren Hund einen Kreis im Uhrzeigersinn um das linke Bein laufen. Ziehen Sie es danach an das rechte Bein heran. Sie haben sich jetzt also einen Schritt seitwärts bewegt. Ihr Hund läuft nun einen Kreis – wieder im Uhrzeigersinn – um Ihre geschlossenen Beine. Danach beginnen Sie wieder von vorne: einen Schritt nach rechts, dann das linke Bein nachziehen ... Es wird eine Weile dauern, bis Sie diese Übung flüssig hinkriegen und Ihr Hund die Kreise gleichmäßig und ohne Pausen läuft. Hinterher sieht diese Übung aber äußerst schick aus. Sie können nach jeweils zwei, vier oder sechs Kreisen auch zwischendurch ein paar Schritte vorwärts laufen mit dem Hund bei Fuß – fertig ist die Treppe!

Eine Choreographie auf dem Papier gestalten

Wenn Sie dann ein „ausgezähltes" Lied haben, können Sie beginnen, eine Choreographie zu gestalten. Sie kennen nun schon die markanten Stellen Ihrer Musik und wissen, wann ruhigere Passagen kommen. Überlegen Sie sich zuerst, wo Sie Ihre Highlights einbauen wollen. Planen Sie aber nur mit Tricks, die Ihr Hund wirklich schon beherrscht. Sie können später immer wieder Elemente austauschen – zum Beispiel einen Vorwärtsslalom durch einen Rückwärtsslalom ersetzen oder einen Kreis um Ihre beiden Beine durch einen Kreis, bei dem der Hund sich rückwärts um Ihre Beine bewegt. Oder Sie gestalten Ihre zweite Choreographie dann mit schwierigeren Übungen. Anfangs sollten Sie lieber eine leichtere Choreographie zusammenbasteln, die dann auch klappt, als eine, die zwar mit schwierigen Elementen gespickt ist, von denen aber jedes zweite misslingt.

Beginnen Sie Ihre Choreographie nicht mit einem Highlight – zumindest dann nicht, wenn keine weiteren mehr folgen. In den ersten zwei oder drei Takten sollten Sie überhaupt keine Tricks vorsehen, denn es braucht immer ein paar Sekunden, bis Sie tatsächlich mit Ihrer Choreo-

Denise und „Dikdik" beim Rückwärtsslalom.

graphie loslegen können – nachdem die Musik schon begonnen hat. Vor allem bei einem Auftritt vor Publikum, wenn Sie nicht selbst die Musik starten, brauchen Sie etwas Zeit zum „Einhören".

Highlights planen

Gestalten Sie zu Beginn die markanten Stellen – etwa Paukenschläge, ein Trommelsolo oder den Refrain. Die Ideen dazu kommen, wenn Sie sich Ihr Lied oft genug anhören. Probieren Sie diese Passagen gleich mal mit Ihrem Hund aus, damit Sie sicher wissen, ob eine Trickkombination auch in der Geschwindigkeit der Musik klappt. Nun überlegen Sie sich, an welcher Startposition Ihr Hund sich jeweils befinden muss. Zum Beispiel muss Ihr Hund für Sprünge zumeist einen gewissen Abstand als Anlaufstrecke haben. Sprünge müssen Sie daher schon etwa zwei Takte vorher vorbereiten. Nach einer Sprungkombination braucht Ihr Hund dann wieder mindestens zwei Takte, um zu bremsen und wieder bei Fuß oder in die Frontposition zu kommen. Außerdem sollten Sie nach spektakulären Tricks durchaus mit einem Szenenapplaus der Zuschauer rechnen. In diesen Sekunden wird sich Ihr Hund kaum auf die nächste schwierige Übung konzentrieren können, sondern sollte lediglich bei Fuß laufen oder sogar kurz abliegen.

4

5

6

Sie können Highlights – Ihre Lieblingsübungen – ruhig mehrmals einplanen. Markieren Sie auf dem Blatt Papier, auf dem Sie die Struktur Ihres Musikstücks mit Strichkolonnen aufgezeichnet haben, alle fertigen Stellen samt Vorlauf- beziehungsweise Nachlaufphasen – am besten mit einem Textmarker oder einem farbigen Stift. Wenn Sie kariertes Papier verwenden und jeden senkrechten Strich etwa für zwei Viervierteltakte entsprechend über acht Kästchen malen, können Sie jeden einzelnen Taktschlag exakt markieren. Zuletzt überlegen Sie sich, wie Sie die „Lücken" füllen. Das gelingt in der Regel mit Fußlaufen. Allerdings müssen Sie zwei Dinge beachten: erstens, ob Ihr Hund sich jeweils in der richtigen Position für das folgende Kunststück befindet, und zweitens die Raumaufteilung.

Raumaufteilung

Sofern Ihr Hund für den Trick, der auf das Fußlaufen folgt, nicht bei Fuß sein darf, müssen Sie sich einen Übergang einfallen lassen – etwa ein „Rückwärtsausparken", damit der Hund von der Fuß- in die Frontposition gelangt. In längere Überbrückungspassagen sollten Sie ein paar Wendungen einbauen, aber das müssen Sie ja sowieso, weil Sie kaum genug Platz haben werden, um vielleicht ganze zehn Takte – das sind in der

Regel 40 Schritte – geradeaus zu gehen. Zudem sollten Sie versuchen, mit dem Fußlaufen die gesamte Fläche, die Ihnen zur Verfügung steht, zu mindestens 75 Prozent auszunutzen.

Leider wissen Sie selten vorher, wie viel Platz Sie haben werden für eine Vorführung – weder im Garten zwischen Grill, Gartenbänken und Blumenbeeten noch in der Messehalle bei einer Hundeausstellung. Planen Sie zumindest eine Fläche von mindestens 50 Quadratmetern – das sind rund sieben mal sieben Meter – für Ihre Choreographie. Bei Dogdance-Wettbewerben in Großbritannien ist der Ring rund 15 mal 20 Meter groß.

Schon mal ans Publikum denken

Ebenso wenig, wie Sie die Größe der Tanzfläche im Voraus kennen, wissen Sie, ob das Publikum nur auf einer Seite sitzen oder stehen wird, an zwei Seiten oder drei oder sogar rundum. Dabei ist diese Frage für die Gestaltung der Choreographie äußerst wichtig. Zum Beispiel sollten Sie niemals mit dem Rücken zum Publikum eine Choreographie beginnen und dann auch noch vom Publikum weglaufen. Im schlimmsten Fall läuft Ihr Hund dabei auch noch rückwärts vor Ihnen her, sodass Sie ihn nahezu komplett verdecken. Die Zuschauer wollen Ihren Hund sehen!

Wenn Sie Ihre Choreographie wie beschrieben gestalten, kommt schnell das Gefühl auf, dass zu viel Fußarbeit drinstecken könnte. Es hat aber keinen Sinn, Trick an Trick zu reihen, weil gerade am Anfang doch immer wieder etwas schief geht. Wenn ein Kunststück länger dauert oder nicht sofort klappt, kann ein anschließendes Fußlaufen problemlos kürzer ausfallen – so können Sie mit der nächsten Übung wieder passend zur Musik beginnen. Ohne Übergangsphasen gerät eine Choreographie schon nach dem kleinsten Patzer aus dem Takt.

Die Choreographie aufschreiben

Die Choreographie, die inzwischen in Ihrem Kopf entstanden ist, gehört aufs Papier. Dafür können Sie Ihre eigene Zeichensprache erfinden.

Viele Symbole ergeben sich fast von selbst. Eine Schlangenlinie etwa taugt wohl am besten, um den Slalom durch die Beine zu skizzieren. Kreise mit kleinen Pfeilen kennzeichnen, in welcher Richtung eine Drehung beziehungsweise ein Kreis um Ihre Beine erfolgen soll. Die ersonnenen Zeichen malen Sie dann einfach über beziehungsweise neben die Striche, die das „Auszählen" Ihrer Musik ergeben haben.

Ein Beispiel: Für das schon aus dem vorigen Kapitel bekannte Beispiel „Wake me up before you go go" haben wir mal eine Choreographie aufgeschrieben (siehe Seite 77 ff.). Entdecken Sie den Fehler? Der Sprung über den Kopf folgt am Beginn des Refrains nach der zweiten Strophe ziemlich dicht auf die Sprünge über die Arme. Ein Highlight wie der Kopfsprung wird so fast ein wenig verschenkt. Er hätte besser in der dritten Wiederholung des Refrains eingebaut werden sollen – anstatt des „Häschens".

Trockenübungen

Bereits während die Choreographie auf dem Papier entsteht, sollten Sie mit Trockenübungen beginnen.

Probieren Sie die Ideen, die Sie auf Ihrem Block notiert haben, gleich im Wohnzimmer oder Garten aus. Nur so merken Sie, ob alles rund wird. Agility-Sportler kennen das:

Bei der Parcoursbegehung vor einem Turnierstart gehen sie – ohne den Hund – den Parcours ein paar Male ab. Dabei stellen sie fest, ob der

Wenn Sie Ihre Choreographie einmal auf Video gebannt haben, wissen Sie auch nach einer längeren Trainingspause noch, wie Sie laufen wollen.

Laufweg, den sie sich vorher im Kopf ausgedacht haben, tatsächlich funktioniert. Oft sind kleine Änderungen nötig.

Beim Dogdance ist die Sache ganz ähnlich: Überprüfen Sie immer wieder Ihren Plan im Kopf beziehungsweise auf dem Papier, fügen Sie Änderungen hinzu. Üben Sie trocken – also ohne den Hund – anfangs vielleicht ohne, später immer mit der Musik. Mit der Zeit steht die Choreographie dann buchstäblich auf sicheren Füßen – denn Sie haben sie beim Immer-wieder-Laufen verinnerlicht. Vergessen Sie nicht, so zu tun, als hätten Sie Ihren Hund dabei. Das heißt: Denken Sie immer daran, auch die Kommandos zu sagen, wenn Sie Ihre Choreographie üben. Erst wenn Sie ohne nachzudenken oder ins Stocken zu geraten die gesamte Schrittfolge laufen können, sollten Sie das Training mit dem Hund beginnen.

Falls Sie die Möglichkeit haben, Videoaufnahmen zu machen, lassen Sie sich bei Ihren Trockenübungen filmen. So haben Sie einerseits Ihre Choreographie immer parat – für den Fall, dass Sie sie nicht aufschreiben möchten. Andererseits können Sie so am besten sehen, ob die Raumaufteilung stimmt und ob Sie sich zum Publikum (hier: zum Kameramann) gewandt präsentieren. Die Raumaufteilung können Sie auch aufzeichnen – am besten mit zwei verschiedenfarbigen Stiften: Mit einer Farbe malen Sie den Laufweg Ihres Hundes und mit der anderen Ihren eigenen Laufweg.

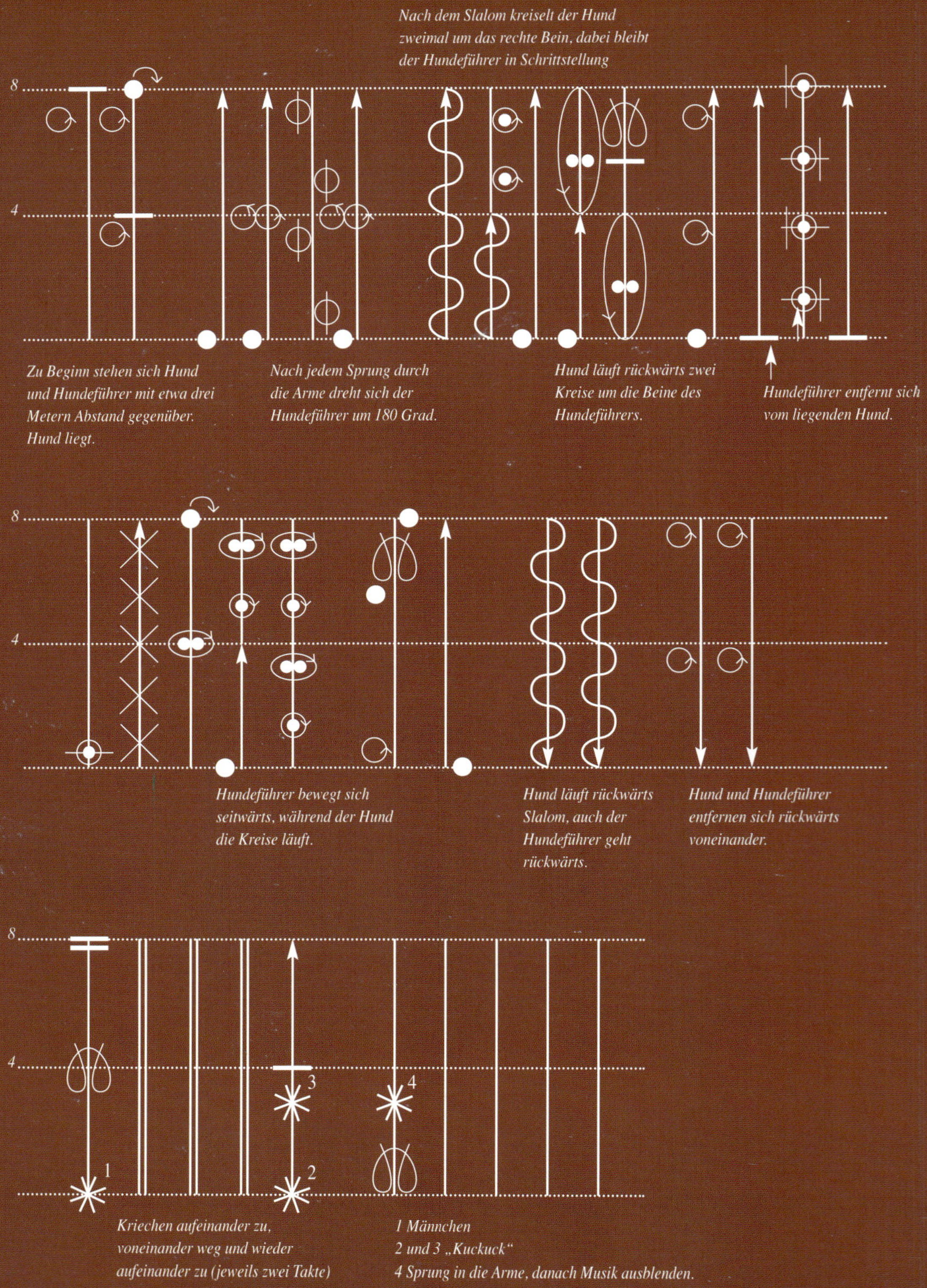

Ein Beispiel für eine Dogdance-Choreographie zum Wham-Song „Wake me up before you go go“.

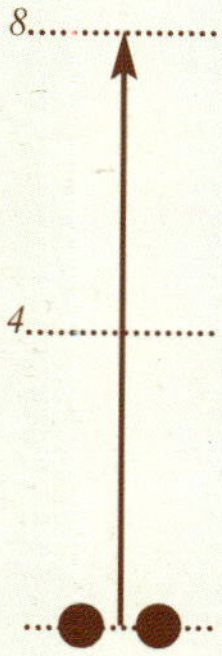

Hund läuft bei Fuß – entweder auf der linken oder auf der rechten Seite (die gestrichelten Linien geben den Taktschlag an)

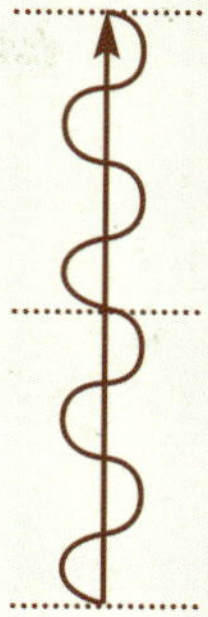

Hund läuft Slalom durch die Beine (Pfeil nach oben heißt, dass der Hundeführer dabei vorwärts geht)

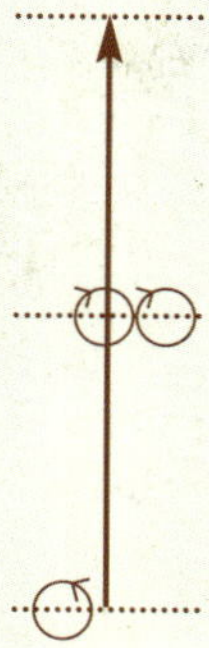

Hund dreht sich links beziehungsweise rechts vom Hundeführer (der Pfeil zeigt die Ddrehrichtung) hier dreht der Hund auf 1 allein beziehungsweise auf 5 mitsamt dem Hundeführer

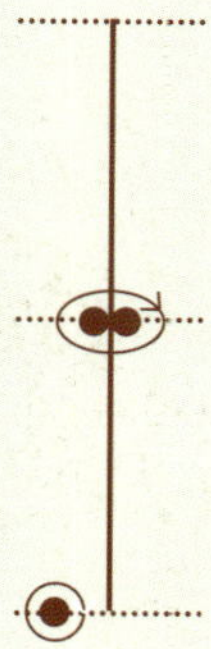

Hund läuft einen Kreis um das linke Bein auf 1 beziehungsweise einen Kreis um beide Beine auf 5

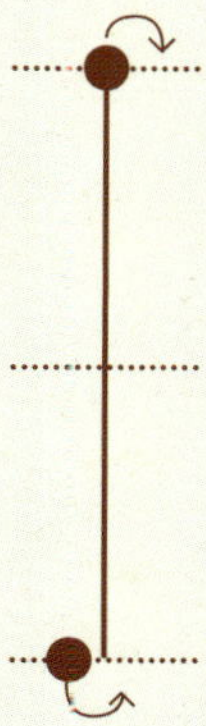

„Rückwärtsausparken“ in die Frontposition (auf 1) beziehungsweise „Rückwärtseinparken“ (auf 8)

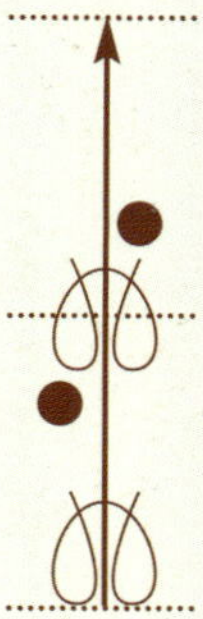

Hund macht eine Rolle (auf 2) beziehungsweise „Roll change“ (beginnend auf 4)

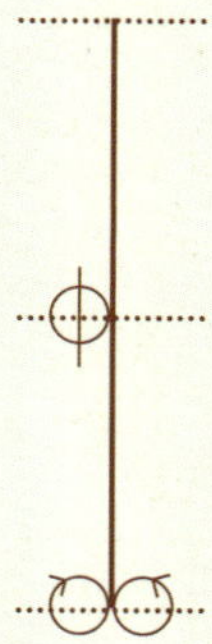

Hund beginnt auf 1 eine Acht durch die Beine des Hundeführers beziehungsweise macht einen Sprung durch die Arme (auf 5)

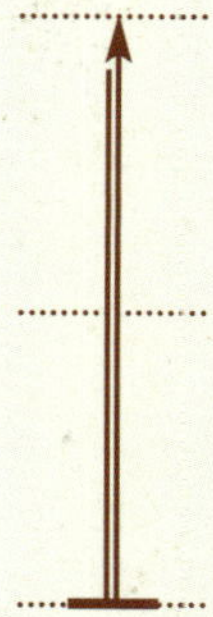

Hund macht „Platz!“ (auf 1) und kriecht anschließend

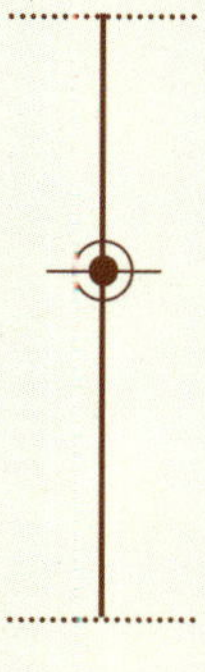

Sprung über den Kopf (auf 5)

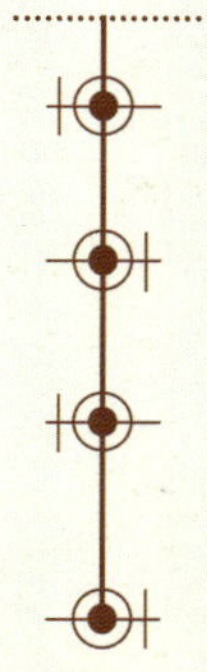

Hund springt über die Arme (auf 1, 3, 5 und 7)

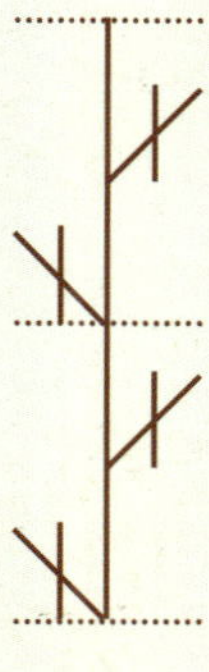

Hund springt über die Beine (auf 1, 3, 5 und 7)

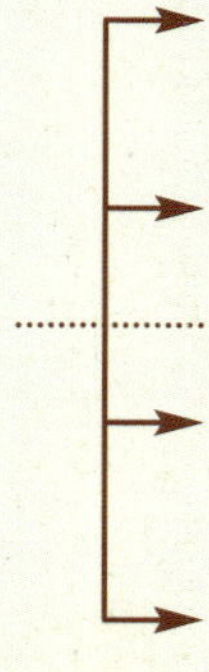

Seitwärts laufen

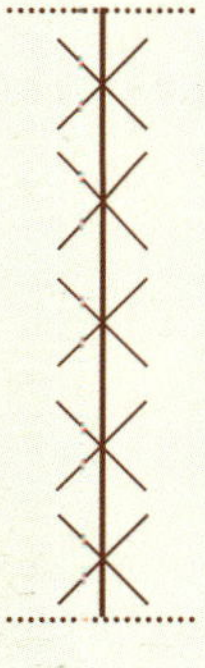

Hund geht im spanischen Schritt

Der Doppelstrich heißt: „Tot stellen!“ (hier auf 1) Ein Sternchen kann stehen für: „Pfötchen!“, „Männchen!“, einen Sprung in die Arme des Hundeführers…

Vorschlag für eine Zeichensprache, mit der eine Dogdance-Choreographie zu Papier gebracht werden kann (Legende zur Illustration auf Seite 78).

Zuletzt noch eine nicht ganz ernst gemeinte Warnung: Falls Sie keinen Garten haben und deshalb in öffentlichen Parkanlagen trainieren, machen Sie sich darauf gefasst, mit Ihren Trockenübungen Aufmerksamkeit zu erregen. Ohne Hund sieht das Ganze nämlich ziemlich gewöhnungsbedürftig aus.

Schritt für Schritt zur kompletten Choreographie

Jetzt ist endlich der Hund dran! Erarbeiten Sie sich Schritt für Schritt die fertige Choreographie mit Ihrem Hund. Laufen Sie nicht einfach drauflos – selbst wenn Ihre erste Choreographie nur eine knappe Minute dauert. Fangen Sie mit den markanten Stellen oder dem Refrain an. Üben Sie erst mal ohne Musik alle Trickkombinationen, die Ihr Hund noch nicht kennt. Dann probieren Sie diese Kombinationen zur Musik. Versuchen Sie, etwa einen Sprung oder eine Drehung auf den Paukenschlag genau hinzubekommen samt dem einleitenden Element. Brechen Sie anfangs nach der schwierigen Stelle ab, damit Sie Ihren Hund loben können.

Zuerst einzelne Passagen trainieren

Üben Sie also am Anfang alle Highlights plus einleitender Übung. Erst im nächsten Schritt fügen Sie anschließend auch das nachfolgende Element hinzu. In einer 60-Sekunden-Choreographie mit drei markanten Stellen üben Sie mit dem Hund jede dieser Passagen getrennt voneinander zur Musik. So kommen Sie insgesamt schon auf 30 bis 40 Sekunden, die aber noch in drei Häppchen unterteilt sind. Als Nächstes beginnen Sie am Liedanfang und tanzen bis zum ersten Highlight. Wenn das klappt, lassen Sie den Anfang wieder weg und üben die erste und die zweite markante Stelle samt der dazwischenliegenden Übergangsphase am Stück. Genauso machen Sie es anschließend mit der zweiten und dritten Stelle. Danach können Sie sich an die komplette Choreographie wagen.

Am besten mit Fernbedienung

Die einzelnen Passagen können Sie noch im Wohnzimmer oder anderswo auf engem Raum üben. Für die gesamte Choreographie benötigen Sie mehr Platz. Wenn Sie draußen üben, brauchen Sie einen tragbaren CD-Spieler. Es ist sehr praktisch, wenn Sie eine Fernbedienung haben. Das erspart Hechtsprünge nach dem Betätigen der Start-Taste, um pünktlich zum Musikbeginn beim Hund zu sein. Benutzen Sie möglichst keinen Walkman, Discman oder tragbaren MP3-Spieler, denn dann kann Ihr Hund die Musik nicht hören. Tatsächlich erkennen Hunde mit der Zeit „ihr“ Lied – die ersten Takte sind ein Signal für „Jetzt wird’s wieder lustig!“. Ein weiterer großer Nachteil des Trainings mit einem tragbaren Musikabspielgerät ist, dass Sie – weil Sie die Kopfhörer aufhaben – dazu neigen werden, dem Hund die Kommandos zuzubrüllen. Ein harmonisches Miteinander werden Sie in diesem Fall nicht erreichen.

Tipp:
Im Winter oder bei strömendem Regen eignen sich als Trainingsplätze Reithallen, leer stehenden Lagerhallen, Parkhäuser, überdachte Fahrradständer oder U-Bahn-Stationen. Dort ist es hell und trocken. Achten Sie aber auf einen geeigneten Untergrund.

Tanzen mit Requisiten

Eine Vielzahl von verschiedenen Requisiten bietet sich fürs Dogdance geradezu an. Erlaubt ist alles, was nicht direkt der Motivation des Hundes dient – ein Ball etwa oder ein anderes Spielzeug. Sie können einen Wanderstock oder Regenschirm benutzen – als „drittes Bein", um das der Hund einen Kreis laufen soll, sowie als Sprungstange. Ähnlich können Sie auch einen Hula-Hoop-Reifen verwenden. Sie können Ihren Hund auch über seine Leine oder ein Seil springen lassen.

Oder machen Sie Ihren Hund zu Ihrem Zauberlehrling. Dazu brauchen Sie nur einen Zauberstab. Das Tolle an diesem Requisit ist, dass ein Target einen vortrefflichen Zauberstab abgibt. Denn der Target ist zwar ein Hilfsmittel, das Ihr Hund inzwischen wahrscheinlich gut kennt, aber eben kein Motivationsobjekt. Wählen Sie zu der Zauberer-und-Lehrling-Nummer noch die passende Musik und eventuell ein entsprechendes Kostüm – schon haben Sie ganz leicht eine wunderschöne Choreographie, mit der Sie eine Geschichte erzählen.

Apropos Kostüm, eine passende Verkleidung ist kein Muss beim Dogdance. Ihre Kleidung sollte aber auf jeden Fall zu Ihrer Choreographie passen. Zu einem Tango passt kein Jogginganzug! Wohl aber eine Rose – die auch vorzüglich als Targetersatz taugt.

Wenn Sie sich für einen Wanderstock als Requisit entschieden haben, könnten Sie dazu Wanderschuhe, Jeans oder Wanderhose und vielleicht ein kariertes Holzfällerhemd anziehen. Auch ein Wanderhut könnte in diesem Fall nicht schaden.

Zum Regenschirm würden Gummistiefel passen – das muss aber nicht sein. Wenn Sie einen Blues-Brothers-Song als Musik gewählt haben, sollten Sie aber auf jeden Fall schwarze Kleidung und Sonnenbrille tragen.

„Wilma" ist zu klein, um durch die Arme von Matthias zu springen. Der Sprung durch den Reifen sieht aber fast genauso spektakulär aus.

Sofern Sie einen Hut oder eine Mütze aufsetzen wollen, können Sie diese Kopfbedeckung gleich als Requisit verwenden, das Sie sich von Ihrem Hund zwischendurch „klauen" lassen oder ihm zum Fangen zuwerfen. Oder Sie werfen den Hut mit einer schwungvollen Drehung zwischen-

Uwe und „Daisy“ zeigen noch eine Variante des Fußlaufens – zwischen den Beinen.

Mit Hut und Stock: Uwe benutzt seinen Target gleich als Requisit.

durch weg und lassen ihn erst später von Ihrem Hund zurückholen – so gewinnt Ihr Hund Abstand von Ihnen, den er für einen Anlauf zum Sprung nutzen könnte. Vor allem apportierfreudige Retriever werden Sie mit dieser Idee begeistern. Statt eines Huts oder einer Mütze können Sie auch ein Tuch oder einen Schal wählen.

Ferner können Sie auch einen Tisch oder einen Stuhl, Pylonen oder Kisten benutzen. Zum Beispiel könnte sich Ihr Hund zu Beginn der Choreographie in einem großen Pappkarton verstecken – oder zwischendurch? Egal, welche Requisiten Sie verwenden wollen, sie müssen zur Musik passen.

Tanzen mit zwei Hunden

Was mit einem Hund Spaß macht, sollte mit zweien doch doppelt so viel Spaß machen. Stimmt! Wenn Sie eine Dogdance-Choreographie auf zehn Beine stellen wollen, brauchen Sie viel

Humor und mindestens ebenso viel Geduld. Hinterher werden Sie aber gleich von zwei Hunden mit freudigem Schwanzwedeln belohnt. Selbstverständlich müssen sich die beiden Hunde, mit denen Sie im Tandem laufen wollen, untereinander gut verstehen.

Das Schwierige beim Training mit zwei Hunden ist das individuelle Loben und Bestärken, denn es kommt oft vor, dass sich gerade der Falsche angesprochen fühlt. Wenn Sie gleichzeitig mit zwei Hunden üben und dabei einen Clicker verwenden, müssen Sie für jedes „Klick!“ immer beiden ein Leckerli geben.

Am leichtesten ist es, gleichzeitig mit zwei Hunden zu tanzen, die alle Kommandos „seitenverkehrt“ gelernt haben. Das heißt, dass einer auf das Kommando „Fuß!“ auf der linken Seite läuft und der andere auf der rechten Seite. Auf das Kommando „Hand!“ läuft dann der erste Hund auf der rechten Seite, während der zweite auf der linken läuft. Seitenverkehrt sollten dann noch Drehungen und Kreise sein. So könnte sich etwa ein Hund auf das Kommando „Twist!“ gegen den Uhrzeigersinn drehen, der andere dagegen mit dem Uhrzeigersinn; und beim Kommando „Kreisel!“ könnte es andersherum sein.

Auf diese Weise die Kommandos an zwei Hunde zu vergeben hat den großen Vorteil, dass Sie jeweils nur ein Kommando sagen müssen – statt „Leika, Fuß!“ und noch im selben Atemzug „Senta, ran!“, damit Leika links von Ihnen und Senta rechts von Ihnen geht.

Allerdings werden Sie das mit den seitenverkehrten Kommandos wohl nur hinkriegen, wenn Sie mit einem Welpen als Zweithund beginnen oder zumindest mit einem Hund, der noch gar keine Kommandos kennt, die fürs Dogdance nützlich sind.

Mit viel Lob und Leckerli gewöhnen sich „Lynn“ und „Dikdik“ an die neue Situation.

Nach einigen Trainingseinheiten klappt das Fußlaufen im Tandem perfekt.

Nachdem beide Hunde das Fußlaufen und die wichtigsten Tricks einzeln (!) gelernt haben, versuchen Sie das Fußlaufen mit beiden Hunden zusammen – einer rechts, einer links. Gerade wenn Sie einen deutlich jüngeren Hund im Team haben, der auf einer Seite noch nicht sicher bei Fuß läuft, sollten Sie diesem Hund seine „sichere" Seite überlassen und den älteren, erfahreneren auf der anderen Seite laufen lassen. Belassen Sie es anfangs dabei, dass jeder Hund im Tandem „seine" Seite hat, auf der er bei Fuß läuft. Beginnen Sie mit aufmerksamem Bei-Fuß-Sitzen. Die Situation zu dritt ist für die Vierbeiner ungewohnt. Loben Sie deshalb beide ausgiebig, wenn sie zu Ihnen hochschauen. Machen Sie erst einen Schritt nach vorne, wenn beide Hunde entspannt, aber aufmerksam sind.

Wenn das Fußlaufen klappt, können Sie sich an die ersten Drehungen wagen. Dabei sollen sich beide Hunde möglichst synchron drehen. Das können Sie sowohl beim Fußlaufen trainieren als auch mit beiden Hunden nebeneinander in der Frontposition. Als Nächstes sind dann Kreise dran. Stehen Sie mit gegrätschten Beinen, und lassen Sie Ihre Hunde möglichst gleichzeitig jeweils einen Kreis um Ihr rechtes beziehungsweise Ihr linkes Bein laufen. Das können Sie ebenfalls sowohl bei Fuß als auch mit beiden Hunden in Front üben. Jeder Hund soll jeweils das Bein umrunden, dem er näher steht.

Wenn Sie so weit gekommen sind, dass das Fußlaufen und Kreise im Tandem gelingen, können Sie daraus so eine Art Slalom entwickeln. Dafür lassen Sie Ihre beiden Hunde im Wechsel Kreise laufen. Der Hund an Ihrer linken Seite beginnt. Machen Sie mit rechts einen Schritt nach vorne. Nun lassen Sie den Hund links einen Kreis um Ihr linkes Bein laufen. Wenn er wieder bei Fuß angekommen ist, machen Sie den nächsten Schritt – diesmal mit dem linken Bein. Jetzt läuft der Hund an Ihrer rechten Seite einen Kreis um

Auf das Kommando „Twist!" dreht sich „Lynn" links- und „Dikdik" rechtsherum.

Rückwärts einparken im Doppelpack: Zuerst wird „Lynn", danach „Dikdik" rückwärts durch die Beine von Denise laufen.

das nun hintere, rechte Bein. Bei dieser Slalomvariante für zwei Hunde hat ein Hund also immer eine kleine Pause, während der andere einen Kreis um das jeweils nähere Bein läuft. Sobald diese Übung flüssig klappt, sieht sie spektakulär aus. Allerdings brauchen Sie bis dahin viel Geduld.

Sie können auch einen Hund über den anderen Hund springen lassen. Denken Sie dabei aber daran, dass der Ranghöhere sich vielleicht nicht vom Untergebenen überspringen lässt. Probieren Sie einfach aus, welcher Ihrer Hunde sich besser als „Hindernis" eignet und welcher besser als Springer. Anfangs sollte der „Hindernishund" liegen, während der andere springt. Später – beziehungsweise wenn es die Größenverhältnisse in Ihrem tierischen Duo zulassen – können Sie den zu überspringenden Hund auch stehen lassen.

Alle anderen Sprünge können natürlich auch zwei Hunde zusammen machen. Zum Beispiel können Sie beide Hunde gleichzeitig im Kreis um Sie herumlaufen und dabei über Ihre Arme springen lassen. Allerdings ist es sehr schwer, beide Hunde synchron abheben und landen zu lassen, weil Hunde – sogar derselben Rasse – oft unterschiedliche Sprungtechniken haben. Nachdem beide Hunde das Über-die-Arme-Springen einzeln gelernt haben, beginnen Sie mit einem

Auch eine Möglichkeit, mit zwei Hunden zu laufen: „Dikdik" geht bei Fuß und „Lynn" läuft rückwärts in der Frontposition.

Hund in der Frontposition und dem anderen hinter Ihnen. Geben Sie beiden das Sprungkommando. Danach: Pause! Üben Sie zu Beginn immer nur einen Sprung. Erst wenn beide Hunde gleichzeitig über Ihre Arme springen, sollten Sie mehrere Sprünge hintereinander testen.

Bei der Suche nach einer passenden Musik für Ihre Tandem-Choreographie müssen Sie ein Lied finden, das gleich zu dreien passt. Das ist besonders schwierig, wenn die beiden Hunde, mit denen Sie tanzen wollen, ganz verschieden sind. In diesem Fall sollten Sie auf jeden Fall eine Musik mit mittlerer Geschwindigkeit und sehr klarer Struktur wählen. Sobald Sie ein Lied gefunden haben, können Sie sich Gedanken über die Choreographie machen.

Spicken Sie sie nicht mit schwierigen Kunststücken. Bereits einfache Drehungen sehen toll aus, wenn Sie von zwei Hunden synchron ausgeführt werden. Dasselbe gilt, wenn beide Hunde gleichzeitig eine Rolle machen oder Pfötchen geben. Trainieren Sie die Choreographie nicht immer mit beiden Hunden gleichzeitig, sondern auch einzeln mit jedem – sowohl die einzelnen Passagen als auch später die gesamte Choreographie.

Gruppentänze

Nicht nur gemeinsames Training mit anderen Dogdancern macht viel Spaß, sondern auch das Einstudieren einer gemeinsamen Choreographie – zu zweit oder sogar zu mehreren. Dabei spielt es erst mal keine Rolle, wie verschieden die Hunde sind und wie unterschiedlich ihr Trainingsstand. Eine bunt gemischte Truppe kann genauso nett ausschauen wie eine Gruppe von Hunden derselben Rasse. Sollten sich zum Beispiel vier Golden Retriever und ein kleiner Westhighland Terrier samt ihren Besitzern zusammenfinden, sollte der Kleine eine besondere Rolle bekommen in der Choreographie. Und wenn einige Hunde bereits mehr können als andere, bekommen sie

1 *Die Sylter Hundefreunde trainieren die „Mühle".*

2

1

2

Eine Choreographie für zwölf Beine: Zu Beginn sitzen „Asta" und „Elvis" im Karton. Die Choreographie beginnt, die Hunde springen heraus. Fußarbeit und Tricks – seitenverkehrt, aber synchron. Das Requisit immer wieder mit einbeziehen - Solopart für „Asta": Sprung über den Karton. Danach folgt der Solopart für „Elvis": aufräumen. Und am Ende der Vorführung: verbeugen!

einfach einen Solopart. Wichtig ist nur, dass alle Hunde, die beim Gruppentanz mitmachen sollen, sich untereinander gut vertragen.

Streng genommen sind zwei Hundeführer samt Hunden zwar eher ein Paar als eine Gruppe, aber das Gestalten einer Choreographie für drei oder mehr Mensch-Hund-Teams unterscheidet sich nicht vom Zusammenstellen einer Choreographie für ein Paar. Bei offiziellen Wettkämpfen in den Ländern, in denen es bereits ein Dogdance-Reglement gibt, wird in der Regel allerdings zwischen einer Paarklasse und einer Starterklasse für mehr als zwei Hundeführer mit mehr als zwei Hunden unterschieden.

Für eine Gruppenchoreographie eignet sich am ehesten ein Lied mittlerer Geschwindigkeit, weil die Hunde kaum ein identisches Temperament haben werden. Die Musik sollte unbedingt allen gut gefallen. Bevor es an das Gestalten der Choreographie geht, erfolgt eine Bestandsaufnahme: Wer kann was? Können alle Hunde die verschiedenen Kunststücke in möglichst ähnlicher Geschwindigkeit? Gerade beim Slalom durch die Beine oder bei Drehungen gibt es oft deutliche Unterschiede im Tempo. Vielleicht können die schnellen Hunde ja dazu gebracht werden, sich etwas langsamer zu bewegen. Oder die langsameren müssen lernen, zügiger zu arbeiten. Welchen Eindruck eine Gruppenchoreographie hinterlässt, hängt nicht davon ab, wie schwierig die gezeigten Tricks sind. Stattdessen sollte die Präsentation in erster Linie synchron sein.

Beispielsweise wird einfaches Bei-Fuß-Laufen im Kreis allein dadurch interessant, dass eine Gruppe – oder ein Paar – zum Beispiel eine Mühlenformation läuft. Bei der Mühle laufen alle in einer Linie, vielleicht sogar mit den Händen jeweils auf der Schulter des Nebenmannes. Jeweils eine Hälfte der Gruppe bildet einen Mühlenflügel – beide Hälften gucken in entgegenge-

3

4

5

6

setzte Richtungen. In der Mitte ist der Drehpunkt, um die sich die beiden Mühlenflügel drehen. Alle laufen nun vorwärts im Kreis. Die Teams außen laufen am schnellsten, die Teams in der Mitte am langsamsten.

Allein durch das Laufen von Figuren wie der Mühle, während die Hunde „nur“ bei Fuß laufen, können Sie als Gruppe beeindrucken. Hübsch sieht es auch aus, wenn alle Hunde ein einfaches Kunststück schnell nacheinander zeigen – sich zum Beispiel einmal drehen beim Fußlaufen, im Bei-Fuß-Sitzen Pfötchen geben oder sich einfach hinlegen. Spicken Sie die Choreographie nicht mit allzu schwierigen Elementen. Alle Hunde sollten alles, was sie zeigen sollen, sicher beherrschen. Wenn beim Dogdance mit nur einem Hund mal ein Patzer passiert, muss das noch lange keiner merken. In einer Gruppe fällt der kleinste Patzer aber sofort auf. Wenn also die eine Hälfte der Hunde noch nicht sicher bei Fuß rückwärts lau-

Bei zwei Dogdancern stört unterschiedliche Kleidung noch nicht.

fen kann, sollte die Choreographie so gestaltet werden, dass nur die Hälfte, die das Rückwärtslaufen bei Fuß sicher beherrscht, diese Übung zeigt, während die andere Hälfte stattdessen vielleicht vorwärts bei Fuß läuft. Diese Lösung ist allemal besser, als sich hinterher sagen lassen zu müssen: „Die eine Hälfte der Hunde konnte das ja gar nicht!" Sie wissen ja von der Bestandsaufnahme, welcher Hund was kann. Gestalten Sie die Choreographie danach, dass jeder Hund seine Stärken zeigen kann – aber nicht auf Kosten der Hunde, die ein Kunststück noch nicht beherrschen.

Beim Gruppentanz lassen sich leicht schöne Geschichten erzählen. Hier nur ein Vorschlag: Legen Sie einen Target als „Zauberstab" in die Mitte. Wenn die Musik beginnt, laufen alle mit ihren Hunden los – aber eher unmotiviert. Dann „findet" einer den Zauberstab, und plötzlich kann sein Hund allerlei Kunststücke machen. Er reicht den Zauberstab schließlich weiter – auch der nächste Hund beginnt, Tricks zu zeigen, motiviert zu laufen. Am Ende könnten sich alle an den Händen fassen und so die „Macht des Zauberstabs" auf alle gleichzeitig übertragen.

Diese Geschichte hat den Vorteil, dass jeder Hund genau das zeigen kann, was er kann. Wenn die Anfänger zu Beginn den Zauberstab finden und die Fortgeschrittenen später, kann so die Schwierigkeit der Kunststücke im Verlauf der Choreographie immer gesteigert werden. Erst am Ende machen alle noch ein oder zwei einfache Übungen synchron.

Dieser Vorschlag zeigt, wie leicht sich ein Thema zu einer Geschichte ausbauen lässt. Lassen Sie Ihrer Phantasie einfach freien Lauf. Sie können auch einen Squaredance tanzen – dann muss sich nur einer die Choreographie merken, denn die anderen müssen ja alles nur nachmachen. Ansonsten gilt für Gruppentänze dasselbe wie für jede andere Choreographie: Machen Sie erst mal Trockenübungen – ohne Hunde, aber mit der gesamten Gruppe. Erarbeiten Sie sich danach die Choreographie mit dem Hund schrittweise. Üben Sie mit dem Hund nicht nur in der Gruppe, sondern auch allein.

Wenn Sie später Ihre Choreographie als Gruppe präsentieren, sollten Sie aufeinander abgestimmte Kleidung tragen. Das ist bei zwei Dogdancer mit zwei Hunden noch nicht so wichtig, aber das Erscheinungsbild einer Gruppe wirkt viel zu unruhig, wenn jeder anhat, was ihm gerade gefällt.

Der Auftritt

Vorbereitungen für den ersten Auftritt

Der Moment kommt, in dem der erste Auftritt bevorsteht. Vielleicht werden Sie ja auf einer Gartenparty gebeten, doch mal eben zu zeigen, was Dogdance überhaupt ist beziehungsweise wie Ihre Choreographie denn so ausschaut. Diese Gelegenheit sollten Sie nutzen, denn in dieser Situation bleibt kaum Zeit, um aufgeregt zu werden. Legen Sie einfach die CD mit Ihrer Musik ein, schnappen Sie sich Ihren Hund und auf jeden Fall auch ein paar Leckerlis, ein paar kleine Übungen zum Aufwärmen und – los geht's. Ihre Freunde und Bekannten werden mit Sicherheit begeistert sein.

Bei der Suche nach einem größeren Publikum werden Dogdancer schnell fündig: beim Tag der offenen Tür im Tierheim oder im Kindergarten, auf Hundeausstellungen, Messen oder Reitturnieren, beim Betriebs- oder Straßenfest. Wenn Sie Lust haben aufzutreten, bieten Sie dem Veranstalter einfach eine Dogdance-Präsentation an. In der Regel wissen Sie dann einige Zeit vorher,

Die schwarze „Susi" kommt gegen die schwarze Hose nicht zur Geltung – dabei sollte doch der Hund immer im Mittelpunkt der Choreographie stehen. Zu „Lynn" dagegen passt die schwarze Hose!

dass Sie Ihre Choreographie zeigen sollen. Sie haben also Zeit, sich auf Ihren Auftritt vorzubereiten.

Überlegen sie sich, was Sie anziehen wollen. Die Kleidung sollte zur Musik passen. Bedenken Sie bei der Wahl der Hosenfarbe auch die Fellfarbe Ihres Hundes. Wenn Ihr Hund zum Beispiel schwarz ist und Sie eine schwarze Hose anziehen, kann das Publikum den Hauptdarsteller schlecht erkennen.

Nachdem Sie sich für ein Outfit entschieden haben, sollten Sie es mindestens einmal beim Training tragen – sonst wundert sich Ihr Hund beim Auftritt. Das ist umso wichtiger, je ungewöhnlicher die Sachen sind, die Sie bei der Vorführung anhaben werden. Eine raschelnde Hose etwa lenkt den Hund ab, wenn er sich nicht vorher daran gewöhnen konnte.

Bevor Sie vor Dutzenden oder Hunderten von Zuschauern auftreten, bitten Sie Freunde und Bekannte, ob sie mal Publikum spielen könnten. Wer keine freiwilligen Zuschauer findet, sollte seinen Hund eben beim Bummel durch die Fußgängerzone an Publikum gewöhnen – oder im Einkaufszentrum oder am Sonntagnachmittag im Park, wenn es richtig voll ist.

Lassen Sie Ihren Hund doch ein paar Kunststücke zeigen – zum Beispiel nachdem ein Kind seine Eltern gerade auf Ihren Hund aufmerksam gemacht hat mit: „Guckt mal, ist der da nicht süüüß!" Antworten Sie einfach: „Der ist nicht nur süß, sondern kann auch tolle Tricks." Falls Sie einen Hund haben, der überhaupt nicht niedlich ist, wird er spätestens dann „guck-mal-wie-süß" aussehen, wenn er im spanischen Schritt neben Ihrer Einkaufstüte herläuft.

Falls bei Ihrem Auftritt andere Tiere in der Nähe sein werden, müssen Sie Ihren Hund vorher damit vertraut machen. Wenn Sie etwa bei einem Reitturnier den Pausenfüller spielen, sollte Ihr Hund sich von Pferden nicht ablenken lassen.

Fragen Sie den Veranstalter, wie viel Platz Sie für Ihre Präsentation zur Verfügung haben, welchen Untergrund ihre Tanzfläche hat und ob die Zuschauer nur auf ein oder zwei Seiten oder sogar rundherum stehen oder sitzen. Passen Sie Ihre Choreographie möglichst an die jeweiligen Gegebenheiten an.

Mit ein paar Wendungen mehr oder weniger oder um 180 statt um 90 Grad können Sie jede Choreographie schnell und einfach verändern. Vor allem wenn Sie vorrangig danach streben, mit Ihren Auftritten ein Publikum zu begeistern, werden Sie es immer wieder mit neuen Bedingungen zu tun bekommen, auf die Sie sich einstellen müssen. Wenn Sie sich dagegen auf Wettkämpfe konzentrieren wollen, ist die Ringgröße in Ländern, in denen es bereits ein Reglement gibt, festgeschrieben.

Kümmern Sie sich rechtzeitig vor einem Auftritt um eine gute Musikanlage. In der Regel wird eine vorhanden sein. Dann müssen Sie nur Ihre selbst gebrannte CD vorher im CD-Spieler der Musikanlage testen.

Sofern Sie Ihre Choreographie auf einem glatten Boden zeigen sollen, fragen Sie nach einem Teppichbodenrest. Eventuell müssen Sie sonst auf Sprünge verzichten.

Falls es möglich ist, trainieren Sie mit Ihrem Hund vorher am Veranstaltungsort. Vor allem wenn das nicht möglich ist, sollten Sie deutlich vor dem Beginn Ihres Auftritts da sein, damit Ihr Hund sich an die Gerüche und Geräusche gewöhnen kann. Spielen Sie mit ihm ein wenig, und machen Sie ein paar kleine Übungen mit ihm. Falls Ihr Hund das Clickertraining gewöhnt ist, klickern Sie mit ihm.

Auch wenn Sie den Veranstaltungsort schon kennen, sollten Sie überpünktlich eintreffen. Hektik verstärkt die Aufregung. Sorgen Sie an heißen Tagen oder in stickigen Hallen dafür, dass Ihr Hund beim Auftritt fit und ausgeruht ist. Je nachdem, wo sich Ihr Hund am besten entspannt, bringen Sie ihn noch mal ins Auto zurück oder bringen Sie eine Transportbox mit, die Sie in einer ruhigen und kühlen Ecke aufstellen können.

Kurz vor dem Auftritt sollten Sie noch ein paar Übungen zum Aufwärmen machen. Stecken Sie die gewohnten Leckerlis ein.

Etwas besonders Gutes steigert die Konzentrationsfähigkeit Ihres Hundes nicht. Im Gegenteil, es macht ihn nur überdreht! Andererseits sollten Sie – nur um das schöne Outfit zu schonen – keine trockenen Futterbrocken wählen, wenn Sie im Training immer Käsehäppchen verwenden.

Denken Sie auch an die gewohnte Box, in der Sie das Futter aufbewahren. Stellen Sie diese Box wie beim Training an den Rand. Vergessen Sie im Lampenfieber nicht, das übliche Startkommando zu geben, dann kann eigentlich kaum noch etwas schief gehen.

Checkliste für die Auftrittsvorbereitungen

- Was ziehe ich an?
- Ist mein Hund schon an Publikum gewöhnt?
- Wie groß ist die Fläche, die bei der Vorführung zur Verfügung steht?
- Wie ist der Untergrund beschaffen?
- Wo sitzt oder steht das Publikum?
- Ist eine Musikanlage vorhanden?

So unterschiedlich kann ein und dieselbe Übung aussehen - das Slalomlaufen.

Publikumswirksames Vorführen

Der Auftritt beginnt mit dem ersten Schritt auf die Tanzfläche – nicht erst, wenn die Musik anfängt. Die Art und Weise, wie Sie in den ersten Momenten erscheinen, entscheidet über die Erwartungshaltung beim Publikum. Gehen Sie also offen und lächelnd auf die Zuschauer zu. Lassen Sie sich Ihre Aufregung nicht anmerken.

Achten Sie auf Ihren Hund. Sie können ihn an der Leine hereinführen, wenn Ihnen das lieber ist. Dann sollten Sie ihn aber nicht ziehen müssen.

Bevor die Musik einsetzt, sollten Sie wenigstens einmal hoch ins Publikum schauen.

Besser ist es, wenn Sie, während Sie Ihre Choreographie vorführen, die Zuschauer anlächeln, statt hinunter zu Ihrem Hund zu schauen. Das macht einen enormen Unterschied. Das Hochgucken sollten Sie natürlich vorher im Training geübt haben.

Beim ersten Auftritt wird wahrscheinlich der eine oder andere Trick nicht klappen. Macht nichts! Die Zuschauer wissen ja nicht, dass Ihr Hund eine Drehung ausgelassen hat oder nach einem „twist turn" an die falsche Seite gelaufen ist. Tun Sie einfach so, als liefe alles wie geplant.

Holen Sie misslungene Kunststücke keinesfalls nach. Dann kommen Sie mit dem Takt der Musik nicht mehr hin.

Und wenn etwas gründlich danebengeht, gibt es nur eine Lösung: Lachen Sie – über sich und Ihren Hund. Das wird die Zuschauer anstecken. Spielen Sie kurz mit dem Hund. Steigen Sie anschließend wieder in Ihre Choreographie ein.

Oder brechen Sie sie ab, wenn Sie sich sicher sind, dass nichts mehr klappen wird. Es gibt

Deutlich sieht man , dass „Forsters" viel besser zur Geltung kommt, wenn er auf das Publikum zu springt.

Denise und „Dikdik" begeistern das Publikum.

Schlimmeres. Sollte ganz am Anfang alles schief gehen, bitten Sie ruhig darum, dass die Musik noch mal von vorne gestartet wird.

Ganz egal, ob Sie Ihre Choreographie mit Bravour beendet haben oder nicht, verbeugen Sie sich und lächeln Sie. Gucken Sie ins Publikum. Es gibt keinen Grund, sich davonzuschleichen. Sie haben auf jeden Fall etwas geleistet.

Vielleicht gibt es eine Videoaufzeichnung von Ihrem Auftritt. Dann können Sie hinterher selbst überprüfen, wie publikumswirksam Ihre Vorführung war.

Das Wichtigste ist aber, dass Sie mit Ihrem Hund Spaß hatten.

Zum Schluss

Liebe Leserinnen und Leser,

wir hoffen, dass Sie mit dieser ausführlichen Anleitung nicht nur die ersten Dogdance-Schritte machen, sondern schnell Lust auf mehr bekommen. Hören Sie viel Musik, und haben Sie Spaß mit Ihrem Hund. Denn eines ist sicher: Applaus tut gut! Nicht nur die Erinnerung an klatschende Zuschauer wird Sie beim nächsten Training anspornen. Den schönsten Zuspruch werden Sie von Ihrem begeisterten Hund bekommen. Vielleicht kommt er bald schwanzwedelnd angelaufen, wenn Sie seine Musik auflegen.

Bleiben Sie immer im Takt!

Anhang

Literaturhinweise

Bloch, Günther: Der Wolf im Hundepelz.
Westkreuz-Verlag, 1997.

Laser, Birgit: Clickertraining.
Cadmos Verlag, 2000.

Lau, Brigitte:
Obedience mit Clicker und Dogdancing.
Oertel + Spörer, 2001.

Nassek, Manuela: Heelwork to Music.
Cadmos Verlag, 2001.

Pietralla, Martin: Clickertraining für Hunde.
Kosmos Verlag, 2000.

Pryor, Karen: Positiv bestärken, sanft erziehen.
Kosmos Verlag, 1999.

Theby, Viviane/Hares, Michaela: Darf ich bitten?
Kynos Verlag, 2001.

White, Angela: Happy Dogs ... Happy Winners.
Haxey Verlag, 1994.

Adressen

Verband für das Deutsche Hundewesen (VDH)
Westfalendamm 174
44131 Dortmund

Deutscher Verband der Gebrauchshundesportvereine (DVG)
Gustav-Sybrecht-Straße 42
44536 Lünen

im Internet: www.dogdance.de, www.grappamaus.de, www.clicker.de